Unterwegs ins
Meisterbewusstsein

EQUON & Michael Leibundgut

Unterwegs ins Meisterbewusstsein

Ein Reiseführer

ch.falk-verlag

Originalausgabe
© ch.falk-verlag, Seeon 2019

Umschlaggestaltung: Michael Leibundgut und Dirk Grässle
Satz und Druck: Stückle Druck & Verlag, Ettenheim

Printed in Germany
ISBN 978-3-89568-302-2

«Wo du nicht lieben kannst,
da geh' vorüber»

Eleonora Duse

INHALTSVERZEICHNIS

VORWORT

Als Equon vor 7 Jahren unser erstes Buch «Radio Equon» durch meine Finger auf die Computer-Tastatur fließen ließ, war es ein für mich unglaublich heilsames Erlebnis auf mehreren Ebenen. Einmal dadurch, dass wir durch das Buch-Projekt noch intensiver geistig verschmolzen als vorher und ich so in den Genuss kam, in ständiger Verbindung mit einem höheren Bewusstsein zu stehen. Und dann – wie ich erst die nächsten Jahre wirklich verstehen sollte – war es auch eine wundervolle Unterrichtung in «effortless creation», also im «mühelosen Erschaffen». Einfach dadurch, dass ich offen dafür war, ein Buch zu «tippen» – ich, der bis dahin kein Schriftsteller und Autor war.

Seither hat sich vieles in meinem Leben verändert. Ich bekam eine vollkommen neue Perspektive auf mich selbst: Es wurde mir bewusst, wie ich mich mit einer alten und fixen Idee, die ich von mir hatte, in meinen Möglichkeiten limitierte – und damit in meinem Glück und in meiner Zufriedenheit. Equon zeigte mir durch die Arbeit an «Radio Equon», dass es Zeit war, eine neue Version von mir anzunehmen, die freier, liebevoller und dadurch größer war. Er hat mich erkennen lassen, dass ich dabei war, mich mit meinem alten Selbstbild immer mehr zu würgen. In seiner unnachahmlich eleganten und humorvollen Art und Weise hat er diese Vorstellungen über mich selbst sehr nachhaltig zu meinen Gunsten verändert, mich geduldig durch alle meine Widerstände geleitet und so mein Bewusstsein für neue Ebenen und Realitäten geöffnet.

Als Sänger hatte ich die Erfahrung gemacht, dass ich mir immer alles erkämpfen musste und mir nichts in den Schoß fiel. Ich hatte mich lange Zeit gefühlt wie ein Boden, auf dem nie wirklich etwas sprießt, egal wieviel Arbeit ich investierte. Diese Erfahrung – deren Notwendigkeit ich heute verstehe – hatte meine elementare Kraft zu erschaffen, meine natürliche Eigenschaft, «einfach kreativ» zu sein, im Laufe der Jahre zunehmend erstickt. Equon hat mir mein kreatives Potenzial auf «neutrale» Art vorgeführt, indem er mich, den Musiker, ein Buch hat schreiben lassen. Plötzlich begann ich zu verstehen, dass mein Leiden in einer zu engen und begrenzten Vorstellung, die ich von mir selbst hatte, begründet war. Er hat mir gezeigt, wie ich wieder der absoluten Energie Raum geben kann und nicht der Vorstellung, «wie» die Energie zu fließen hat. Das Sahnehäubchen der Lektion in Mühelosigkeit war dann die Tatsache, dass Christa Falk – kaum war das Buch fertig – sich seiner angenommen hat und es unverzüglich veröffentlichte. Etwas, das in meiner Vorstellung damals gar keinen Platz hatte. Es war definitiv ein Wunder. Zumindest für mich!

Die vielen dankbaren und begeisterten Reaktionen auf die Lektüre von «Radio Equon», zu sehen, dass man wirklich etwas weitergeben konnte und dass die heilsame Leichtigkeit Equons einfach durch mich weiter floss zu anderen Menschen, waren eine wunderbare Erfahrung. Oft hörte ich den Satz «Ich freue mich schon auf das zweite Buch», welcher mich immer sehr rührte und zugleich auch einen Hauch Panik auslöste, da ich mich ja nicht als Autor sah. Dieses Buch war mir einfach «passiert». Ich wusste wirklich mehrere Jahre nicht, ob «Radio

Equon» mein einziges Buch bleiben würde, da ich kein Schriftsteller bin.

Ich sagte zu Equon immer, dass ich selbstverständlich gerne wieder ein Buch schreiben würde mit ihm, fügte aber stets hinzu: «Gell, du weißt, dass DU es machen musst, ich bin kein Schriftsteller…». Und über diese Gespräche mit ihm gelangte ich zu einer wichtigen Erkenntnis über mich selbst – ihr mögt jetzt alle vielleicht lachen: Ich bin ein Medium! Und zwar habe ich erkannt, dass ich auch in meiner vorherigen Tätigkeit als Sänger immer zunächst ein Medium war. Ich bin erwacht in Bezug auf mich selbst und es war einfach eine ganz tolle und befreiende Erfahrung: Wenn ich etwas aus meinem Herz heraus tue, dann kann die Essenz in alles fließen, egal ob es Musik machen ist, ein Buch schreiben oder ein Brot backen. Es geht darum, sich diese Qualität des Ausdruckes zu erlauben und dabei nicht in einer «Methode» oder einem «Entfaltungsbereich» stecken zu bleiben.

Und so habe ich dann etwa vor zwei Jahren ein zweites Buch im Landeanflug gespürt. Wie ein Objekt, dass sich langsam aus der Ferne nähert. «Unterwegs ins Meisterbewusstsein» hat sich ganz aus der Arbeit mit meinen Klientinnen und Klienten entwickelt, und es geht, wie in den individuellen Beratungen, auch in diesem Buch darum, die Brücke zu schlagen zwischen großen kosmischen Zusammenhängen und unseren individuellen Lebenssituationen und Erfahrungen. Außerdem steuern die «Könige von Orion» – ein Lehrerkollektiv von Orion – einen mächtigen Energiestrahl bei zu diesem Buch, welcher sich besonders in den Kapiteln 7 bis 10 zeigt. Die Könige von Orion unterstützen unseren physischen Aufstieg in die neue Dimension durch einen intensiven Beitrag, der einerseits aus Aufklärung und Information besteht, vor allem aber aus der Übertragung von absoluter Heilenergie. Es ist uns eine große Ehre und Freude, dass sie die Zusammenarbeit mit uns gesucht haben.

Mein besonderer Dank gilt meinem Partner Andrea Lorenzo Scartazzini, ohne dessen bedingungslose Unterstützung diese wunderbare Entwicklung nie in dieser Form hätte stattfinden können, Enrico Bauer und Adrian Ottiger für ihre Freundschaft und ihre wichtigen Impulse sowie allen Menschen, die mir die letzten Jahre ihr Vertrauen geschenkt haben und die ich zusammen mit Equon beraten durfte.

Michael Leibundgut, November 2018

1 · HALLO, MEISTERBEWUSSTSEIN!

Es geht ein neues Licht um die Erde und es nennt sich Meisterbewusstsein. Doch was genau verstehen wir unter „Meisterbewusstsein"? Dies möchte ich zu Beginn unserer Reise erläutern. Für eine sehr lange Zeit habt ihr euch auf diesem Planeten durch die Zeiten hindurch bewegt und eine große Zahl an Erfahrungen gesammelt in unterschiedlichen Gestalten und in unterschiedlichen Ecken dieser Erde. Erfahrung wurde an Erfahrung gereiht wie die Perlen einer Kette. Und so seid ihr nun in einer Zeit angelangt, in der es zu erkennen ist, dass eine beträchtliche Gruppe von euch dabei ist, ihr Schmuckstück zu vollenden. Wir bezeichnen diese Gruppe von euch als „Uralt-Seelen" oder als „reife Seelen". Nicht mehr viel fehlt, dass sie an den Punkt gelangen, dass sie frei werden vom Inkarnations-Spiel in dieser Dimension und ihrem Planeten. Das Karussell stoppt, sie steigen aus und gewinnen eine neue Perspektive auf diesen Planeten und sich selbst.

«Die neue Zeitfrequenz erlaubt es uns, noch wenn wir uns verkörpert auf dem Planeten aufhalten, bereits in das Meisterbewusstsein vorzudringen.»

Bis zum Beginn des Aufstiegs der Erde in die neue Dimension im vergangenen Jahrhundert war der Eintritt in das Meisterbewusstsein aus technischen Gründen nur möglich, indem wir durch die Pforte Tod in die geistige Welt hinübergegangen sind. Doch dies ist nun nicht mehr so. Die neue Zeitfrequenz erlaubt es uns, noch wenn wir uns verkörpert auf dem Planeten aufhalten, bereits in das Meisterbewusstsein vorzudringen. Es ist dies eine ganz grundlegende Veränderung, die uns eine brandneue Erfahrung bietet, die nie zuvor möglich war. Wir bereisen also gemeinsam ein Land, das noch keiner von uns je vorher betreten hat. Und so ist dieses Buch also ein Reiseführer.

Innerhalb der Zeitabschnitte, die zu betrachten für uns sinnvoll sind, geht es nicht darum, das Meisterbewusstsein zu «erreichen», es uns anzuheften wie eine Medaille. Denn: Wir werden eine lange Zeit unterwegs sein. Es ist das Aufstoßen einer Tür, das Vordringen in neue Bereiche der Liebe und des Bewusstseins. Von außen betrachtet, könnte man meinen, dass es einfach weitergeht wie vorher. Aber wenn wir uns den Prozessen in unserem Inneren widmen und diese näher betrachten, dann ist leicht zu erkennen, dass die Spielregeln neu geschrieben sind und es um andere Dinge geht als zuvor. Ihr habt euch im Laufe eurer Seelenreise auf diesem Planeten an das Aufreihen von Perle an Perle gewöhnt. Dieses Verhalten ist für euch wie zu einer Form von «Alltag» auf Seelenebene geworden. Und dieser Alltag erfährt jetzt eine tiefgreifende Umgestaltung.

Auch wenn das Meisterbewusstsein nichts mit einer Prüfung im menschlichen Sinne zu tun hat, es nichts zu bestehen gilt und ihr nicht von außen gemessen, beurteilt oder gar gerichtet werdet, so ist das Bild eines Schulabschlusses doch treffend. Der Schulabschluss, der mit Konzentration, Anspannung und Fokussierung der eigenen Kräfte in Verbindung gebracht wird und der – wenn er dann vorbei ist – eine neue Freiheit bringt. Die aufgestiegenen Meister sind die Brüder und Schwestern eurer Seelengruppe, welche bereits in früherer Zeit sämtliche zur Vervollkommnung des Erd-Zyklus nötigen Erderfahrung gesammelt haben. Sie sind eigentlich «exotische» Vorläufer, die wie Wunderkinder das Abitur bereits mit 12 Jahren gemacht haben.

Doch für die Hauptgruppe ist es jetzt Zeit, in das noch unbekannte Meisterbewusstsein einzutauchen. Und lasst mich euch etwas gestehen: Ich weiß, wie sich das Meisterbewusstsein in der geistigen Welt anfühlt: Es ist wie ein wunderbares Schaumbad von Liebe und Klarheit für diesen Planeten, der uns eine kleine Ewigkeit erhalten und getragen hat, sowie für jede – und ich meine damit wirklich jede – Erfahrung, die wir auf ihm machen durften. Doch wie sich dieses Bewusstsein anfühlen muss, wenn es sich entwickelt, während wir noch in einem menschlichen Körper sind, kann ich nur versuchen, durch Mitgefühl nachzuvollziehen, wenn ich euch betrachten und mit euch arbeiten darf. Ich habe aber die Prozesse, die ihr durchlauft dabei, verinnerlicht und verstanden, da ich meine alten menschlichen Erfahrungen nun aufgeräumt habe und mich in der Essenz meiner gesammelten Erderfahrungen bewege. Und so habe ich mir gedacht, dass es vielleicht interessant wäre für euch – oder auch hilfreich – ‚für diese Reise ins Meisterbewusstsein eine Reiseleitung zu haben oder zumindest jemanden, den man konsultieren kann, wenn man auf Dinge stößt, die bei der ersten Begegnung fremd und unverständlich scheinen.

«Betrachtet immer wieder die Transformationskräfte in der Natur. Veränderung ist eure Heimat.»

Und wichtig: Die Reise ins Meisterbewusstsein ist eine Reise ohne Wiederkehr, sie ist ein Aufstieg in ein neues

14

Bewusstsein. Es ist wesentlich, dies zu erwähnen, da ein Teil eurer Existenz sich an diesen «alten Alltag» gewöhnt hat und sich nicht unbedingt selbst auflösen möchte. Der Ausgangspunkt für die Reise ist also die Bereitschaft zur Transformation, der Mut, etwas zu werden, was ihr noch nicht kennt – geleitet nur durch das intuitive Vertrauen, dass das, was kommt, richtig ist für die Entwicklung eurer Seele. Ein Prozess, der vergleichbar ist mit der Raupe, die sich sagt: «Also, eigentlich fühle ich mich ganz gut so als Raupe, aber irgendwie hätte ich Lust auf etwas Veränderung …». Sie weiß nicht, was sie wird, wenn sie sich verpuppt. Den Mut zur Transformation holt man sich am besten immer in der Natur. Nur der Mensch neigt dazu, sich in eine statische Form zwingen zu wollen – was ihm hauptsächlich Leid und Unzufriedenheit beschert. Betrachtet immer wieder die Transformations-kräfte in der Natur. Veränderung ist eure Heimat.

Übung 1
Wir verbinden uns mit der kosmischen Transformations-kraft

Alles um uns ist Transformation, ist Prozess, ist Bewegung. Der Mensch hat aus sich heraus die Neigung entwickelt, halten und bewahren zu wollen. Dies kann nicht funktio-nieren, da alles um uns herum stetig fließt und wir mitfließen müssen, wenn wir glücklich sein wollen. Wenn wir uns abtrennen vom Rest des Universums, werden wir damit immer ein Problem kreieren. Und so wählen wir für diese Meditation ein Objekt in der Natur zur Betrachtung: Ein Baum sieht von außen wie ein ruhiges, mehr oder weniger statisches Gebilde aus, das wächst, Blätter treibt und blüht.

15

Würde er dies nicht tun, würde man ihn als toten Baum bezeichnen. Und so verbinden wir uns mit den vitalen Energien, die durch den Baum hindurchziehen und so diesen stabilen Zustand des Baum-Seins erst ermöglichen. Oder wir betrachten den Ozean, der auf den ersten Blick eine unendliche, in sich ruhende Wassermasse darstellt. Doch im Inneren ist diese Ruhe absolute Dynamik und Bewegung. Wir versuchen, die unfassbare Energie zu spüren, die dieses große, absolute Sein des Ozeans ermöglicht. Wir versuchen, die große äußere Ruhe sowie die absolute innere Dynamik zu erfassen. Diese Veränderungs- und Bewegungsenergie in der Natur zu erspüren und zu fühlen, aktiviert diese in uns selber. Es ist dies absolut hilfreich, da das Konzept von «Erhaltung=Erstarrung» unsere Systeme zu einem Teil blockiert hat und wir wieder in den großen kosmischen Fluss eintauchen sollen.

2 FRAU KARMA HAT DAS WORT

Bevor wir mit weiteren Betrachtungen über das Meisterbewusstsein fortfahren, möchte ich gerne, dass wir für einen Moment einer alten Freundin unser Ohr leihen. Bitte begrüßt mit mir Frau Karma!

Frau Karma: Meine Lieben! Schön, dass wir mal die Gelegenheit haben, in Ruhe etwas zu plaudern. Normalerweise treffen wir uns ja nur im Nachtodlichen zum bewussten Austausch. Aber ich bin sehr froh, dass ich auch mal zwischendurch auftreten und euch an ein paar nicht ganz unwesentliche Kleinigkeiten erinnern darf. Es entsteht ja manchmal der Eindruck, dass ich diejenige wäre, die hier die große Spaßbremse gibt und euch das Leben auf diesem Planeten kompliziert macht. Na, dann darf ich euch doch nochmals aufklären, während ihr mit eurer unsterblichen Seele in einem menschlichen Körper feststeckt: Also, meine Aufgabe war es und wird es immer sein, euch dabei behilflich zu sein, nicht die Kontrolle über eure Erfahrungen zu verlieren.

«Ein Ding führt so leicht zum anderen und plötzlich ist dann nicht mehr so klar, was Ursache war und was Wirkung.»

Sprechen wir es ruhig klar und deutlich aus: Diese Dimension ist alles andere als übersichtlich und die Dinge werden leicht ganz schön kompliziert. Und damit ihr euch um all dies nicht kümmern müsst, führe ich für euch Buch, lege alles säuberlich ab und speichere es für jeden von euch in ein individuelles File ab. Ganz zu Beginn eurer Erdverkörperungen habt ihr ja noch gedacht: «Also, was soll denn diese Frau Karma hier, ich habe doch selber locker den totalen Überblick über das, was ich in dieser Dimension anstellen werde, die Hilfe könnt ihr euch sparen …». Doch nachdem ihr euch willig von einer Erfahrung in die andere stürztet, habt ihr gemerkt, dass sich dann doch nicht alles so leicht kartografieren lässt. Ein Ding führt so leicht zum andern und plötzlich ist dann nicht mehr so klar, was Ursache war und was Wirkung. Und bald schon hattet ihr euch daran gewöhnt, dass ihr euch ganz auf das Erfahrungen-Sammeln konzentrieren konntet und ich euch den Rücken frei halte, indem ich alles aufzeichne für euch. Solange alles glatt läuft, interessiert ihr euch ja meist recht wenig für den Job, den ich hier mache.

O bitte, versteht das nicht falsch, ich habe damit keinerlei Probleme, ich habe ganz gerne meine Ruhe bei der Arbeit. Aber wenn dann jemand von euch merkt, dass seine Seelenentwicklung ins Bremsen kommt, weil man sich ein paar Verkörperungen lang in einem Thema verheddert hat und immer wieder über seine eigenen Füße gestolpert ist, dann kommt ihr alle angebraust und könnt nicht genug bekommen von mir. Ihr fragt dann etwa: «Karma, ich spüre, dass ich irgendwie nicht mehr so ganz im Flow bin mit mir selber, hast du eine Ahnung, was es sein könnte?» Ich sage mir dann immer «OMMMMM» und bleibe ganz höflich, obwohl ich ja schon bei den letzten 20 Verkörperungen darauf hingewiesen habe, dass dieses oder jenes zum Problem werden könnte und man es daher besser jetzt angucken sollte.

Aber da wir es hier ja mit einem Universum des freien Willens zu tun haben und ihr eure Erfahrung so machen dürft, wie ihr sie haben wollt, halte ich mich mit meiner

Meinung gediegen zurück und konzentriere mich total auf meine Dienstleistung. Das heißt: Ich krame kurz im entsprechenden File und präsentiere – schwupps – die Wurzel des Problems, wie ein aus dem Zylinder gezogenes Häschen. Oh, dann findet ihr die alte Tante Karma plötzlich supertoll und liegt ihr zu Füßen. Schon o.k., ich tue es gerne! Aber wenn ihr doch nur ab und zu eure wachsende Seelenreife schon etwas früher zu eurem eigenen Wohle einzusetzen gelernt hättet! Ich habe ja manchmal das Gefühl, dass ihr so ein bisschen eine Schwäche entwickelt habt für die Ecken und Kanten dieser Dimension. Und dass ihr manchmal einfach nochmals runtergeht, um euch erneut den Kopf so richtig anzudonnern, um dann etwas stolz mit einer blutigen Nase hier oben wieder anzukommen. Glaubt es mir, ihr habt begonnen, diese schwierige Dimension auf eure eigene Art zu lieben. Das ist ja irgendwie süß und spricht für eure liebenswerte Seite, welche einer der Aspekte ist, die ihr der Spezies Mensch hinzugefügt habt. Aber manchmal wisst ihr einfach nicht, wann `s genug ist … Denn: Es muss nicht immer weh tun, damit es gut ist. Ich habe ja schon mit einigen Spezies gearbeitet, und es ist immer wieder faszinierend, bei der Entwicklung einer neuen dabei zu sein. Was ich bei euch ganz außergewöhnlich finde, ist, dass ihr zuckersüß und auch supernervig zugleich sein könnt. Dieses Universum des freien Willens ist eine dermaßen anspruchsvolle Lern-Anordnung, dass sie manchmal genau die Form von Egozentrik fördert, an der ihr am meisten leidet.

Einmal wollte eine Freundin von mir unbedingt eine Urlaubsvertretung machen für mich, weil sie euch so außerordentlich putzig und interessant fand. Ich habe mich – gutmütig wie ich bin – natürlich breitschlagen lassen. Kaum war ich aus dem Haus, klingelte es auch schon bei mir: Die Gute war bereits vollkommen entnervt und entsetzt, dass es euch stets mehr Spaß macht, eine Erfahrung zu machen als auf einen Rat zu hören. Tja, was soll ich sagen: «Schätzchen, ich habe dich gewarnt, willkommen im Universum des freien Willens, die Erde ist echt nichts für schwache Nerven – weder zum Verkörpern noch zum Betreuen». Meine Aufgabe war es immer, ein Entwicklungscoach und -katalysator zu sein für euch. Schon nach wenigen Dutzend Verkörperungen war es, wie gesagt, nicht mehr einfach, den Überblick über das Erlebte zu behalten. Und da ihr in dieser Dimension etwas über die Verantwortlichkeit eurem eigenen Handeln gegenüber lernt, könnt ihr euch vorstellen, wie komplex sich die Situation nach 1000, 1500 oder 2000 Verkörperungen darstellt.

Jeden einzelnen Faden, den ihr gesponnen habt, müsst ihr betrachten und wieder auflösen - oder für besonders kostbar befinden, weiterspinnen und mitnehmen. Es gab eine lange Zeit, in der ihr auf meinen Rat hören konntet – oder eben auch nicht. Doch wenn ihr jetzt in eine höhere Klarheit strebt, und damit in eine höhere Freiheit, so ist es unabdingbar, mich zu Rate zu ziehen. Lasst es zu! Auch Superwoman und Superman dürfen sich mal Hilfe holen und sich einer höheren Form von Weisheit anvertrauen.

«Ab jetzt gibt es nur noch Maßgeschneidertes, die Zeit für Sachen von der Stange ist passé. Ihr habt die einmalige Gelegenheit, euer Frequenzkleid mitzubestimmen.»

Ob ich weise bin? Natürlich! Ich bin so weise, dass ich euch mit meiner Weisheit manchmal fast um den Verstand bringe. Ich bin Weisheit und Liebe auf einer höheren Ebene und ich bette euch in diese ein – wie in ein flauschiges Frottiertuch. Es tut nur weh, wenn ihr euch wehrt. Der dimensionale Übergang des Planeten Erde bringt eine Veränderung, die uns allen gut tun wird: Egal, an welchem Punkt ihr jetzt angelangt seid in eurer Entwicklung, egal, wie übersichtlich oder verworren das Wollknäuel eurer seelischen Erfahrungen im Moment ist: Wir ändern jetzt die Arbeitsweise. Jetzt wird aufgelöst. Und ich glaube, ihr habt auch schon einen Verdacht, wer das macht für euch: richtig! Ihr tut es selber. Ihr wollt doch was lernen, oder? Die Aufstiegsenergien, die den Planeten jetzt erfassen, beziehen von mir Informationen über euch. Man könnte auch sagen, wir verfügen über einen automatischen Datenaustausch.

Dieser Prozess sortiert eure karmischen Informationen. Die daraus resultierende Summe eurer «karmischen Ladung» definiert nun den Schwingungsbereich, in dem ihr unterwegs seid. Innerhalb dieses Schwingungsbereiches werden euch Aufgaben und Erfahrungen zuteil, welche eure Entwicklung so voranbringen, wie sie eurem allerhöchsten Gut gereicht. Wir lösen euer Wollknäuel sozusagen nach oben hin auf und rollen es nicht mehr weiter nach vorne, wie wir dies vorher getan haben. Es geht bei diesem karmischen Schwingungsbereich nicht um eine Wertung. Das Universum wertet nicht, nur ihr tut das. Es geht lediglich darum, für jeden ein Kleid abzumessen, das ihm perfekt sitzt. Ab jetzt gibt es nur noch Maßgeschneidertes, die Zeit für Sachen von der Stange ist passé. Ihr habt die einmalige Gelegenheit, euer Frequenzkleid mitzubestimmen. Sicher, keiner kann dabei schummeln. Ich habe ja alle eure Daten akribisch aufgezeichnet und konfrontiere euch mit euch selbst. Dies ist der Ausdruck meiner Liebe und Fürsorge für euch. Innerhalb dessen, was ihr euch erschaffen habt durch die Zeiten hindurch, habt ihr beträchtlichen freien Spielraum, was und wie ihr sein möchtet. Doch, um das genauer auszuführen, gebe ich das Mikrofon gerne wieder zurück an Equon. Und lasst mich zum Schluss nochmals daran erinnern: Ich bin nicht schuld, wenn es juckt! Das seid ihr, die ihr euch am Planeten reiben wollt …».

Equon: Wir danken Frau Karma für ihren Beitrag, und ich möchte an dieser Stelle gerne ein paar Dinge noch etwas näher ausführen. Wenn sich die Idee des Organisationsprinzips «Karma» nicht nach Strafe und Belohnung ausrichtet, so wäre es interessant, genauer zu betrachten, wie die Dinge ineinandergreifen. Nehmen wir also einmal an, dass sich eine Seele über eine bestimmte Anzahl von Verkörperungen sehr invasiv gegenüber Anderen verhalten und sich tiefer in bestimmte Verhaltensmuster hineinbegeben hätte, als es uns als gut erscheinen würde. Nun ist es dann nicht so, dass sich nach einer Verkörperung automatisch eine ausgleichende Erfahrung anschließen muss. Ich kann mich als Seele im Rahmen der Ausübung meines freien Willens entschließen, einfach so weiterzumachen.

«Die Aufgabe der Seele ist es, alle auf der Erde möglichen Erfahrungen zu machen.»

Es mag in der geistigen Welt einiges darauf hinweisen, dass es in unserem eigenen Interesse wäre, die Sache gleich zu betrachten. Verpflichtet dazu sind wir aber im Moment nicht. Wenn ich mich aber als Seele immer tiefer in eine bestimmte Verhaltensweise verstricke, so

komme ich an einen Punkt, an dem meine Bewegungsfreiheit bezüglich meiner möglichen Erfahrungen nun
eingeschränkt wird. Und wenn ich meine vollen Möglichkeiten wieder aufschließen möchte, kann ich dies nur,
indem ich mich den nötigen Erfahrungen stelle, die zu
dem vorher Erschaffenen einen Ausgleich erzielen.

Wie so ein karmischer Ausgleich konkret aussieht, ist
sehr individuell und es gibt immer eine große Anzahl von
Faktoren, die das Ganze beeinflussen. Bestimmte körperliche Konditionen erlauben zum Beispiel Rückschlüsse
auf früheres Handeln. Dabei meine ich nicht unser
Äußeres, sondern mehr die Art und Weise, wie unser
System energetisiert wird. Wenn wir die Idee des karmischen Ausgleiches exakt betrachten wollen, so ist es
wichtig, darauf hinzuweisen, dass es nicht nur um den
Ausgleich von Handlungen geht, sondern um den Ausgleich von Erfahrungen – und vor allem von erlebten
Emotionen.

*«Das karmische Prinzip funktioniert wie ein Netz, das alle
unsere Erfahrungen um uns zusammenhält und voller Liebe
sicherstellt, dass wir keine kostbare Entwicklungs-möglichkeit
verschwenden.»*

Wenn ich mich als Seele in zentralen Verkörperungen
immer um das Wohl von anderen gekümmert habe, wird
es ab einem gewissen Punkt eine wichtige zu machende
Erfahrung sein, wie es ist, mich um mich selber zu kümmern. Das ist ein wichtiger Punkt, auf den wir im Kapitel
«Sicherheit an Bord» genauer eingehen werden. Doch
möchte ich nun mit euch zusammen die Idee des karmischen Verlaufes von zwei gänzlich anderen Perspektiven
aus betrachten. Neue Blickwinkel ermöglichen oft neue

Einsichten. Als erstes stellen wir uns die ganze Reihe unserer individuellen menschlichen Verkörperungen und die darin möglichen menschlichen Erfahrungen als die Klaviatur eines Klaviers vor. So ist es nun unsere Aufgabe, sämtliche möglichen Tastenkombinationen zu drücken, also alle möglichen Klänge auszuloten. Und wenn ich sage, alle, dann meine ich wirklich alle. Also nicht nur die, welche uns erfreuen und angenehm sind, sondern alle, die spielbar sind. Dieses Konzept ist für den menschlichen Verstand der heutigen Zeit immer noch nur schwer fassbar.

Wir sind nach wie vor sehr geneigt, das Universum ganz aus dem menschlich entwickelten Blickwinkel zu sehen und nicht von der höheren Ebene, von der wir eigentlich stammen. Ich kann also zunächst im Verlaufe meiner Verkörperungen sagen: «Ich bin ein Mix aus Klängen. Ich drücke Tastenkombinationen, die mir gut gefallen und liegen und auch solche, die mir nicht nahe sind – aber es geht ja darum, das Instrument kennenzulernen und zu üben». Auf diese Weise erlange ich eine Fertigkeit auf der Tastatur, die es mir ermöglicht, mich immer mehr in komplexere Klänge hinein zu arbeiten und differenziertere Akkorde auf der Tastatur zu drücken.

Andererseits kann ich mich aber auch entschließen, nur das zu spielen, was ich mag. In diesem Fall werde ich in meiner Entwicklung nur bis zu einem bestimmten Punkt vorstoßen können. Um meine Erfahrungen aber zu erweitern, muss ich diesen Punkt überwinden und meine Komfort-Zone verlassen. Dies ist nötig, um schließlich die ganze Tastatur erforscht und beherrscht zu haben. Umgekehrt gibt es auch Seelen, die dazu neigen, sich eher zu kasteien. In diesem Fall muss mit gleicher Ernst-

24

haftigkeit die Erfahrung der Leichtigkeit und des freudigen Spiels gemacht werden.

Die zweite Perspektive, die ich noch hinzustellen möchte, ist die folgende: Der grundsätzliche Verlauf der Seelenerfahrungen durch die Verkörperungen in unserem gegenwärtigen Abschnitt der Erdentwicklung – das heißt, in der neuen, dichten Stofflichkeit nach dem Ende von Atlantis – entspricht der Maslowschen Bedürfnishierarchie. Sie entspricht exakt den Inhalten der menschlichen Chakren von oben nach unten. Zu Beginn der Verkörperungs-Sequenz werde ich mich also zunächst so lange mit den Themen der untersten Zone beschäftigen, oder um beim vorhergehenden Bild zu bleiben, alle möglichen Akkorde auf diesem Level spielen, um dann in den nächsthöheren Bereich aufzusteigen. Die Grenzen sind dabei selbstverständlich fließend. Es geht lediglich darum, uns den grundlegenden thematischen Aufbau dieses Aufstiegsprozesses zu vergegenwärtigen.

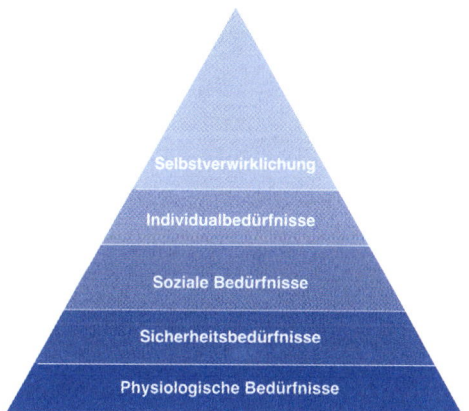

Das karmische Prinzip funktioniert wie ein Netz, das alle unsere gemachten Erfahrungen um uns zusammenhält und voller Liebe sicherstellt, dass wir keine kostbare Entwicklungsmöglichkeit verschwenden. Es ist ein Aspekt der allliebenden Gaia-Energie, in dem wir uns spiegeln auf dem Weg durch ihre Dimension. Und im nächsten Kapitel werden wir, nach einer abschließenden Übung, genauer betrachten, welche Auswirkungen die Tatsache hat, dass Frau Karma unser Wollknäuel nun nach oben beamt und es nicht mehr nach vorne rollt.

Übung 2
Wir bringen Ordnung in das Wollknäuel

Diese Übung hilft uns dabei, unser karmisches Knäuel aufzuräumen und zu strukturieren:
- *Wir setzen uns hin und entspannen uns einen Moment.*
- *Dann erhöhen wir unseren Schwingungszustand entweder über bewusstes Atmen, über die mentale Betrachtung eines Gemäldes, eines Stückes Musik, eines Gedichtes oder durch die Verwendung eines Mantras.*
- *Wenn wir uns dann von unseren Alltagsgedanken gelöst haben, erlauben wir uns, alle Erfahrungen, die wir in menschlicher Form je gemacht haben, als gleichwertig zuzulassen. Es ist dies ein Umstand, den wir als ganz selbstverständlich erleben, wenn wir nicht mehr in einem menschlichen Körper sind. In einem menschlichen Leib ist es aber eine vollkommen neue Erfahrung. Wir alle haben sehr, sehr viele Erfahrungen gemacht, in denen wir z.B. über unseren menschlichen Körper Leid erfahren haben. Solange wir in einem Körper sind, werden wir also alle diese Erfahrungen natürlicherweise als schwierig empfinden. Um in unserem jetzigen physischen Zustand die Ordnung im «karmischen Knäuel» aber erhöhen zu*

können, ist es sehr hilfreich, das Bewusstsein zu nähren, dass auf einer höheren Ebene alle Erfahrungen einfach Erfahrungen sind. Vielleicht ist der Einstieg in dieses Thema nicht leicht, es genügt aber, einfach erste Schritte hinein zu machen. Wir nehmen alle gemachten Erfahrungen an, ohne sie zu werten. Dazu muss uns nicht jede Erfahrung einzeln bewusst sein. Es geht vielmehr um das Anwenden dieses integrierenden Prinzips.

Es lohnt sich, diese Meditation hin und wieder durchzuführen, um uns längerfristig von der Erfahrung zu reinigen, dass uns der Aufenthalt auf diesem Planeten immer wieder verletzt und «beschädigt» hat. Je öfter wir diesen Prozess auslösen, desto mehr können wir davon profitieren, dass wir durch alle Erfahrungen, durch die wir gegangen sind, eine reifere Seele geworden sind.

3 RESONANZ – SO SPIELT DIE MUSIK

Dass der karmische Wollknäuel nicht mehr nach vorne rollt, sondern abhebt, hat damit zu tun, dass er jetzt frei ist von der alten linearen Entwicklung unserer Seele, die an die geradeaus laufende Qualität der Zeit und somit an die Dichte der alten Dimension gebunden war. Dieser Umstand stellte in der vergangenen Dimension die einzige Bewegungsmöglichkeit für die Seele dar. Doch dies ist nun nicht mehr so und wir bekommen mehr Spielraum und Bewegungsfreiheit zurück. Wie schön! Wie hieß es doch gleich in diesem Song? *«The only way is up, baby, for you and me...»* oder wie es Richard Wagner so elegant ausgedrückt hat: *«Du siehst, mein Sohn, zum Raum wird hier die Zeit.“*

Unabhängig davon, an welchem Punkt in unserer Entwicklung wir standen zu Ende der alten Dimension: Nun haben wir die Möglichkeit, aus uns selbst und aus dem Jetzt heraus einen Weg bewusst einzuschlagen. Selbstverständlich bestimmt unsere vorherige Geschichte den Ausgangspunkt unserer weiteren Reise. Aber grundsätzlich stehen euch alle Möglichkeiten offen, wenn ihr bereit seid, euch selbst in Liebe und Gründlichkeit anzuschauen. Es geht in der heutigen Zeit darum, über Introspektion und Selbsterkenntnis zu einer bewussten Entscheidung zu gelangen, wer und was wir sein wollen. Zunächst als Individuum und dann in einem nächsten Schritt als Gesellschaft und Spezies. Wir sehen uns also mit der Aufgabe konfrontiert, alte Schichten, die uns bedecken, abzutragen, wie eine Mumie, die lange ein-bandagiert war.

Es ist dies nun die Zeit, in der es gilt, uns selbst liebevoll aus den alten, vertrockneten Bandagen auszuwickeln und zu sehen, was wir darunter vorfinden. Welche Essenz unserer Seele werden wir antreffen? Es ist aufregend, wieder selber bestimmen zu können, wie wir sein wollen. Aber es ist auch sehr ungewohnt, da ihr über viele Ver-körperungen in vollkommen anderen Paradigmen exis-tiert habt, die absolut konträr zu göttlicher Liebe und Freiheit sind. So wurde euch etwa gesagt: «Gott verlangt von dir …», «Gott will…», oder: «Du schuldest ihm…». Doch dem ist nicht so. Ganz im Gegenteil. Die Informa-tion, die von der wirklichen göttlichen Quelle ausgeht, ist und war immer: «Ich liebe dich, du bist frei.» Wahre Liebe impliziert immer Freiheit. Tut sie dies nicht, ist sie vielleicht eine Form von Verlangen oder Begehren, aber bestimmt ist sie keine Liebe.

«Die Information, die von der wirklichen göttlichen Quelle
ausgeht, ist und war immer: ,Ich liebe dich, du bist frei.'
Wahre Liebe impliziert immer Freiheit.»

Und so lautet die Entwicklungsformel: «Wie viel Liebe ist gut für mich?» Und wir reden hier von der absoluten kosmischen Form der Liebe, die reinigt, klärt und nährt. Und wie immer, wenn wir gereinigt werden, kann das herrlich sein, manchmal aber auch eine Tortur. O ja, die kosmische Liebesenergie schrubbt uns manchmal mit der Bürste so was von durch, dass wir entnervt «SOFORT AUFHÖREN!!!» schreien. Aber so wie die fürsorgliche Mutter nicht locker lässt, bis ihr Sprössling das Bad sauber und frisch verlässt, so kommen wir durch die kosmische Liebe in den Genuss dessen, was gut für uns ist und nicht, was für uns angenehm wäre. Es ist eine limitierende (noch) menschliche Betrachtungsweise, dass uns Liebe bloß mit angenehmen Dingen versorgen soll. Dies ist natürlich Teil ihrer Interaktion mit uns, aber keineswegs die ganze.

Die gigantische kosmische Form von Liebe existiert mit beiden Vorzeichen in dieser Dimension. Es gibt sie als (+) Liebe und (–)Liebe für unser menschliches Empfinden. Durch die kosmische Liebe dringt eine Schwingung in unseren dimensionalen Raum, die sich nicht limitieren lässt und die vollkommene Aktionsfreiheit braucht, um sich annähernd ausdrücken zu können. Ihr werdet überrascht sein, was die große kosmische Liebe sonst noch so in sich birgt, wenn ihr einmal frei seid von euren Körpern. Ich sage euch, es ist in höchstem Maße aufregend! Die kosmische Liebe befreit und erweitert: von alten Schmerzen, von alten (falschen) Bedürfnissen, die wir nicht wirklich haben, sondern nur zu haben meinen und die uns blockieren. Und: Sie befreit uns von unserer lieblosen Haltung uns selber und andern gegenüber.

«Die kosmische Liebe ist eine so gnadenlos liebevolle Lehrerin, dass sie immer nur unser maximales göttliches Potenzial im Auge hat».

Wir können sie in allem finden, sobald wir im Innern bereit sind dazu. Wenn wir darauf warten, dass sie sich uns mit Pauken und Trompeten präsentiert, werden wir nie auf einen grünen Zweig kommen. Sie ist in jedem Moment in allem zugänglich. Sie ist der geheime Ausstieg aus der Enge dieser Dimension. Aber sie erfordert den Mut, hinzuhorchen und auf sie einzugehen. Lasst ihr euch darauf ein, wird euch dies für immer verändern. Vielleicht seid ihr dazu noch nicht bereit oder nicht in vollem Umfang. Dies ist überhaupt kein Problem. Denn ihr dürft euren Weg in Freiheit gehen. Aber wenn der Planet juckt und zwickt, dann lohnt es sich, immer mal wieder den eigenen Frequenz-Regler zu bewegen und sicherzustellen, dass wir uns nicht in einer ungesunden Frequenz festgebissen haben.

Das bedeutet: Wenn ich mich unwohl fühle und darauf warte, dass die Welt um mich herum dies für mich ändert, stecke ich in einer Opferhaltung. Ich verschwende dann meine ganze Kraft und Energie damit. Doch ich trage die Möglichkeit in mir, in jedem Moment den Regler auf «Liebe» zu stellen. Ich bestimme, auf welcher Frequenz ich sende und empfange. Und wenn sich bestimmte Energien, die ich eigentlich gar nicht mag, immer wieder zu mir gesellen, so muss ich mir darüber im Klaren sein, dass ich in Resonanz mit ihnen sein muss. Anders könnten wir uns gar nicht finden.

Es gibt dann nur einen Weg, um aus dieser Situation herauszukommen, und der Weg heißt: Eigenverantwortung. Die kosmische Liebe sagt: «Ich schick' dir was, das du nicht magst, damit du dir bewusst wirst, dass du dich selber nicht genug liebst und achtest.» Die kosmische Liebe ist eine so gnadenlos liebevolle Lehrerin, dass sie immer nur unser maximales göttliches Potenzial im Auge hat. Mit unserer limitierenden menschlichen Perspektive von uns selber kann sie gar nichts anfangen.

So, wenn nun also die kosmisch-göttliche Superliebe sich primär um eure Entwicklung kümmert und nicht um euer vordergründiges Wohlbefinden, wer kümmert sich denn darum? Richtig: Ihr selber! Damit werden wir uns dann ausführlicher beschäftigen im nächsten Kapitel «Sicherheit an Bord». Doch vorher noch eine kleine Übung …

Übung 3
Die Freiheit, zu sein, wer du sein möchtest

Diese Übung gleicht einem Kinderspiel und ist gerade deshalb für euren Verstand eine einzige und riesige Herausforderung. So kann ich mir sagen: «Ich bin reich». Mein Verstand wird dann vielleicht antworten: «Nein, bist du nicht». Oder: «Nicht reich genug!» Auch kann ich sagen: «Ich bin schön!», und der Verstand wird zurückgeben: «Nein, das bist du absolut nicht». Oder: «Ja, schon, aber da sind die Cellulitis, die Speckröllchen, die Falten und deine Nase und sowieso wärst du schöner ohne …».

Und genau diesen Spielchen ein Ende zu setzen, darum geht es bei dieser Übung. Wir erlauben uns, ganz aus uns selber zu definieren, wer wir sind. Ein Kind, das spielt, sagt: «Ich bin ein König», und es IST in dem Moment ein König. Unser Erwachsenen-Verstand, das heißt, der Verstand, der nicht natürlich ist, sondern uns «er-wachsen» ist, der sagt: «Nein, du spielst lediglich einen König, du bist in Wirklichkeit nur ein Kind». Und dies ist dann ganz genau der Moment, in dem unser ganzes göttliches Potenzial flöten geht oder zumindest ein wichtiger Teil davon – und der fehlt uns heute. Die Übung besteht also darin, unseren Verstand liebevoll zu brüskieren, indem wir einfach alles wirklich SIND, was wir sein möchten. Macht die Übung wirklich wie ein Kinderspiel, also voller Spaß und absoluter Ernsthaftigkeit. Entscheidet, was oder wer ihr sein mögt, erschafft euch selber und richtet darauf eure gesamte Energie. Und es

32

handelt sich nicht um Willensenergie, welche Zeit benötigt für die Umsetzung, nein! Eure bewusste Entscheidung genügt, ohne die Notwendigkeit von Zeit erschafft ihr einfach durch eure liebevolle Achtsamkeit.

Und bitte setzt euch keine Grenzen. Ihr könnt euch entscheiden, das allerwunderbarste, schönste und glücklichste Wesen im ganzen Universum zu sein, das Reichtum und Fülle auf allen Ebenen empfängt. Ihr nehmt damit niemandem etwas weg, ganz im Gegenteil! Ihr gebt dadurch dem ganzen Universum und all seinen Bewohnern sehr viel, da ihr alles davon ehrt, indem ihr eure Göttlichkeit lebt. Jeder von euch kann das wunderbarste, schönste und glücklichste Wesen sein, da es jeder auf seine ganz eigene Art sein wird. Es gibt Raum und Fülle für jeden Einzelnen. Was ihr braucht, ist die Demut und die Liebe – und die Freude, sie zu empfangen. Und wenn ihr also feststellt, dass ihr etwas seid, was ihr nicht sein wollt, dann sucht immer wieder in euch die Gewissheit, dass ihr dies ändern könnt. Nehmt euren Frequenz-Regler zwischen die Finger und schraubt daran, bis ihr glücklich seid.

4   SICHERHEIT AN BOARD

Wie immer, wenn wir eine große Reise antreten, geht es darum, zu schauen, wie wir uns möglichst gut vorbereiten und wie wir in Sicherheit und Freude unterwegs sein können. Immer, wenn ihr fliegt, beginnt ihr eure Reise mit einer zentralen spirituellen Unterrichtung. Den meisten fällt das nicht auf, aber jedesmal sagt der Flight Attendant oder die Durchsage vom Band den magischen Satz: *«Sollte der Druck in der Kabine sinken, fallen automatisch Sauerstoffmasken aus der Kabinendecke. In diesem Fall ziehen Sie eine der Masken ganz zu sich heran und drücken die Öffnung fest auf Mund und Nase. Danach helfen Sie bitte anderen Mitreisenden und Kindern.»*

«All die wunderbaren Dinge, die ihr empfangen möchtet – Liebe, Glück, Gesundheit, Reichtum – müsst ihr zunächst in euch selber erzeugen.»

Die Durchsage könnte auch lauten *«Liebe deinen Nächsten wie dich selbst."* Und hier kommen wir zum springenden Punkt: Wir alle lieben unseren Nächsten so, wie wir uns selbst lieben, aber da die meisten nie oder nur wenig gelernt haben, sich selber zu lieben, resultieren fast alle Probleme, die wir wälzen, aus dem zu kleinen Fluss an wirklicher Liebe nach außen, sei es auf persönlicher oder globaler Ebene. Ich gebe nach außen immer meine Selbstliebe weiter. Wie wir ganz im Kern mit uns selber umgehen, wie unsere Haltung uns selbst gegenüber aussieht, ist die Essenz, die wir weitergeben in jeder sozialen Interaktion. Wenn ich selber nicht in der Lage bin, mir eine Sauerstoffmaske richtig aufzusetzen, wie soll ich es denn bei jemand anderem tun?

Wenn ich eine Reise antrete, so sollte ich im Idealfall wohlig und sicher sein mit mir selber. Ich weiß nicht, ob mir unterwegs Leute begegnen, die mir helfen werden, und so sollte ich mich darin üben, alles, was ich brauchen werde auf der Reise, aus mir selber zu beziehen. Ich bereite mich so vor, dass ich möglichst nicht abhängig sein werde von anderen. Vielen erscheint die Idee, dass wir lernen sollen, uns vollkommen selber zu genügen, erschreckend.

Es löst den Gedanken aus, dass ich mich darauf vorbereiten soll, ganz alleine zu sein. Aber nein! Es geht darum, dass ihr euch damit darauf vorbereiten sollt, die höchstmögliche Qualität in eurem Leben zu empfangen. Und da das Universum auf Resonanz basiert, müsst ihr all die wunderbaren Dinge, die ihr empfangen möchtet – Liebe, Glück, Gesundheit, Reichtum – zunächst in euch selber erzeugen. Wäret ihr nicht in einem menschlichen Körper, so müsste ich diese Dinge gar nicht erklären. Sie gehören zum selbstverständlichen Grundwissen des größeren Kosmos, von dem ihr immer auch ein Teil seid.

«Auf der Reise ins Meisterbewusstsein geht es nicht darum, ein Ziel zu erreichen, sondern unterwegs zu sein.»

Aber weil ihr zurzeit in einem menschlichen Körper steckt, sind euch gewisse höhere Realitäten nicht ganz einfach zugänglich. Euer menschlicher Verstand möchte sich zunächst etwas dagegenstemmen, da es seiner und der Erfahrung eures Körpers widerspricht. Aber ihr seid der Captain an Bord und der Treibstoff heißt Liebe und so könnt ihr überall hinreisen, wohin ihr wollt, wenn ihr bereit seid, die kosmischen Verkehrsregeln zu beachten.

Und die wichtigste heißt: «Eure erste Verantwortung gilt euch selber!» oder eben «Liebe deinen Nächsten wie dich selbst», was euch dazu verpflichtet, euch selber zu lieben, um die göttliche Flamme weiterreichen zu können. Nur eine Kerze, die brennt, kann eine andere anzünden.

Warum kommt der Eigenliebe so eine zentrale Bedeutung zu auf der Reise ins Meisterbewusstsein? Auf der Reise ins Meisterbewusstsein geht es zunächst darum, bestimmte Paradigmen, die unsere Verkörperungsreihe auf diesem Planeten geprägt haben, zu transformieren. Gerade der letzte Abschnitt des Planeten – derjenige nach dem Ende von Atlantis – hat uns alle eine Vielzahl von Erfahrungen durchleben lassen, die uns weit von der zentralen kosmischen Liebe weggetragen haben und die uns viel Schmerz und Mangel – sei es auf körperlicher wie auch auf emotionaler Ebene – haben erleben lassen. Das Auflösen dieser Erfahrungen, die uns beschwert und uns als Spezies dimensional nach unten gezogen haben, gehört zum Ersten, was wir auf dem Weg in unsere kosmische Freiheit auf dem Programm stehen haben. Dies ist ein wichtiger Teil der sogenannten «Auferstehungsarbeit», dem Hochtransformieren des menschlichen Körpers. Diesem Thema werden wir uns dann ausführlich im Kapitel 10 dieses Buches widmen.

Und so geht es immer wieder darum, das Thema *Eigenliebe* mit großer Geduld und ohne Verzagen anzugehen. Wie bei vielen anderen Themen, denen wir im Rahmen unserer spirituellen Entfaltung begegnen, geht es auch hier nicht darum, das Thema zu beherrschen, sondern einfach darum, bereit zu sein, es zu üben. Unsere Kultur als Ganzes basiert noch nicht auf Selbstliebe und Eigenmacht und deshalb müssen wir uns immer bewusst sein, dass das Gegen-den-Strom-Schwimmen viel Kraft und Energie rauben kann und es von zentraler Wichtigkeit ist, dass wir uns in diesem Prozess Zeit lassen. Neue Flügel wachsen nicht über Nacht, und es geht, wie eingangs schon erwähnt, auf der Reise ins Meisterbewusstsein nicht darum, ein Ziel zu erreichen, sondern unterwegs zu sein. Zumindest für die Zeitspanne, die für euch im Moment von Belang ist.

Die Kultur der heutigen Zeit basiert immer noch darauf, die Dinge, die uns zum Glück gereichen sollen, im Außen zu suchen. Das macht auf den ersten Blick vollkommen Sinn. Doch der Verlauf des Lebens lehrt uns, dass die Außenwelt instabil und nicht immer zuverlässig sein kann, und bekommen wir mal nicht, was wir uns von der Welt wünschen, so haben wir ein Problem. Es gilt im Hinblick auf diese Momente und auf das ganze Leben, sich bewusst zu machen, dass nur wir für diese Dinge verantwortlich sind. Es trägt niemand die Verantwortung für unser eigenes Glück außer wir selber. Selbstverständlich ist es wunderbar, all diese Dinge im Außen durch den Fluss des Lebens zu empfangen, aber wenn wir sie empfangen, ohne sie haben zu müssen (um unser Glück zu finden), so sind die Geschenke des Lebens in ihrem Wert um ein Mannigfaches gestiegen. Wie wir im vorangehenden Kapitel besprochen haben, so empfangen wir im Außen die Resonanz unseres eigenen Inneren. Jeder von uns verfügt über sein eigenes Steuer in seinem Inneren.

«Das Leben lehrt uns, wer wir sind, es spiegelt uns in unserer gesamten Energie und nicht nur den Teil von uns, der von unserem rationalen Verstand und unseren bewussten Persönlichkeitsaspekten akzeptiert wird.»

Zu Beginn kann es sehr schmerzvoll sein, sich dieser Tatsache zu stellen, da man es eventuell gewohnt ist, in innerer Starre zu verharren, und man sich wieder an eine innere Dynamik gewöhnen muss. Wenn ich mich also in einer unangenehmen Situation befinde, so ist die Lösung dieser am besten zu bewerkstelligen, indem ich mich ihr ganz stelle und mir eingestehe, dass ich offenbar in Resonanz mit dem Ereignis bin, ob mir dies gefällt oder nicht und auch ganz unabhängig davon, ob ich die Zusammenhänge rational nachvollziehen kann. In unserem Energiefeld hängen so viele Dinge mit drin, die unser Tagesverstand weder kennt noch nachvollziehen kann, die aber trotzdem ständig wirken und unseren Alltag prägen. Durch Ereignisse, die uns widerfahren – und die wir vielleicht mit dem Kopf nicht verstehen können –, haben wir die Möglichkeit, wertvolle Rückschlüsse zu ziehen auf Dinge, die zu uns gehören, die uns aber nicht bewusst sind. Das Leben lehrt uns, wer wird sind, da das Leben uns in unserer gesamten Energie spiegelt und nicht nur den Teil von uns berücksichtigt, der von unserem Intellekt und unseren bewussten Persönlichkeitsaspekten akzeptiert wird. (Der rationale Verstand kreiert in der Regel Probleme – vor allem emotionaler Natur –, die er selbst nicht zu lösen vermag.) Das Leben ehrt uns in unserer magischen Gesamtheit. Nur wenn wir diesen Umstand miteinbeziehen, können wir Erfüllung finden.

Wenn es so ist, dass wir im Außen eine Resonanz unseres Inneren antreffen, weshalb ist es dann so, dass die meisten von euch ungelöste Probleme in ihrem Leben vorfinden, auch wenn sie sich noch so sehr um innere Klarheit und Liebe bemühen? Nun, dies hat ganz und gar damit zu tun, dass die meisten von euch –zumindest im Moment

– noch ihre Vergangenheit im Außen empfangen. Der große Aufräumprozess hat erst begonnen, und genau so, wie wenn man ein Haus oder eine Wohnung aufzuräumen beginnt, viele Dinge erst zum Vorschein kommen, so ist es nun so, dass man nicht immer zu Beginn der Arbeit mit einem direkten Resultat rechnen kann. Es gilt, sich durch einen Stapel hindurchzuarbeiten.

Nun seht ihr, meine Lieben, diese Dimension, in der wir uns alle über eine ganze Weile entwickelt haben, war träge und langsam und so haben wir in all den vielen Verkörperungen Erfahrungen und Emotionen vor uns hergeschoben wie ein Schneepflug den Schnee. Und auch wenn wir unsere menschliche Identität stets gewechselt haben, so haben wir doch immer sehr viel in unserem Schlepptau mitgezogen, dessen wir uns nicht bewusst waren. Und um dieses nun aufzulösen, während wir uns wiederum in einem menschlichen Körper befinden, sind wir nun hier. Aber diesmal mit dem Unterschied, dass wir uns der Gesamtheit unseres Weges bewusst werden können, den Inhalt unseres Schlepptaues genau betrachten und ihn sorgfältig aussortieren können. Durch diesen Prozess gelingt es uns, absolut zu uns ins Jetzt zu gelangen und so eine immer unmittelbarere Resonanz unseres gegenwärtigen Zustandes im Außen zu erlangen. Zu Beginn müssen wir einfach mal anfangen zu sortieren, und es wird die Bereitschaft notwendig sein, sich einfach aus Eigenliebe und ohne Erwartungen ans Werk zu machen.

Der Zündschlüssel, der diesen Motor zum Laufen bringt, ist die Bereitschaft, in Eigenverantwortung und Selbstliebe zu handeln. Außerdem ist es wichtig, sich von der Vorstellung von Belohnung und Strafe zu lösen, denn diese sind menschliche Erfindungen. Das Universum versteht diese Sprache nicht. Es denkt immer in Erfahrung und Entwicklung, und somit verursachen wir immer ein Kommunikationsproblem, wenn wir uns an dieses Glaubenssystem heften. Und wenn sich trotz großer Bemühungen keine Veränderung einstellt in unserem Leben, so kann es schon mal vorkommen, dass wir spirituell beleidigt sind. Und diesem Umstand widmen wir uns jetzt im nächsten Kapitel.

5 SPIRITUELL BELEIDIGT

«So, und wenn ich nun alle diese Dinge beherzige und umsetze, so gut ich es vermag, dann steht mir zu, dass sich alles genau so fügt, wie ich es mir vorstelle. Das habe ich mir verdient, weil ich so brav war.» Das sagt unser Kopf, wenn er von uns mitgenommen wird auf die Reise ins Meisterbewusstsein. Aber unser Verstand bereist mit uns ein neues Gefilde, das so vollkommen anders funktioniert, als er es gerne haben möchte. Und darum kommen wir an den Punkt, an dem unser Kopf findet, dass er das Recht hat, spirituell beleidigt zu sein. «Jetzt habe ich alles gemacht und ich habe nun das Recht, alles zu bekommen, was ich will. Es steht mir zu!» beschwert er sich. «Die da oben wissen nicht, wie schwierig es ist hier unten!» In diesen Momenten wird unser Kopf zu einem schreienden, kleinen Kind, das nicht bereit ist, hinzunehmen, dass die Dinge nicht genau nach seinen Vorstellungen vollzogen werden.

«Momente des Spirituell-beleidigt-Seins
geben uns die Möglichkeit,
einen Stock höher zu fahren.»

Die Frage, die sich dabei stellt: Lassen wir uns von dem schreienden Kopf terrorisieren, indem wir ihm die ganze Macht über uns selbst geben, oder treten wir in eine gesunde und hilfreiche Distanz zu ihm? Nun, das würden wir ja gerne in diesem Moment, doch es ist oft nicht möglich, weil wir uns schlicht und einfach außerstande dazu sehen. Und genau dies ist der Sinn dieser Momente des Spirituell-beleidigt-Seins. Sie geben uns die Möglichkeit, ein Stockwerk höher zu fahren. Denn wenn ich mich spirituell beleidigt fühle, will uns das Universum eigentlich Folgendes sagen: «Das hast du sehr gut gemacht bis jetzt, lass uns schauen, dass wir dir bei einem großen Schritt vorwärts helfen können.» Und dieser Schritt ist in der Tat ein anspruchsvoller, da wir gefordert sind in unserer Fähigkeit und unserem Mut zu vertrauen – und loszulassen. Wodurch wird der Schmerz des Spirituell-beleidigt-Seins zentral ausgelöst? Das Problem entsteht fast ausschließlich durch unsere Erwartungshaltung uns selber und dem ganzen Universum gegenüber. Eine Erwartungshaltung ist nicht Ausdruck von Liebe, sondern von Verlangen und Begehren. Sie ist das Produkt unseres kausalen und linearen Denkens, das funktioniert wie ein Automat: Ich werfe eine Münze hinein und dann kommt das heraus, was ich haben möchte. Bloß, auf einer höheren Ebene könnt ihr diesen Automaten vergessen… Wichtig ist es, nochmals darauf hinzuweisen, dass ihr etwas sehr richtig gemacht habt, wenn der kausal-lineare Automat nichts mehr ausspucken möchte. Denn das bedeutet, dass ihr den ersten Schritt gemacht und losgelassen habt, damit Veränderung stattfinden kann.

«Eine Erwartungshaltung ist nicht Ausdruck von Liebe, sondern von Verlangen und Begehren. Nur wenn wir lernen, die Dinge in unserem Leben ohne Erwartung und Absicht zu tun, können wir uns befreien.»

Ursprünglich hattet ihr beschlossen, eine steile Felswand zu erklimmen, und nun findet ihr euch in einem Felsen, über dem Abgrund hängend, wieder. Die Anstrengungen des weiteren Aufstiegs erscheinen euch in

Momenten des Spirituell-beleidigt-Seins als Anmaßung und der Blick nach unten macht euch Angst. «Weshalb bin ich denn nur hochgeklettert?» Nun, weil ihr einer Absicht gefolgt seid – der Absicht, nach oben zu gelangen auf den Gipfel und um das zu erreichen, was ihr wollt. Und genau dieses «Wollen» wird jetzt «korrigiert». Wenn wir spirituell beleidigt sind, sind wir dabei, ein zentrales «spirituelles» Geschenk zu empfangen: die Absichtslosigkeit.

Die Absichtslosigkeit ist eines der zentralen Tools, die wir brauchen für unsere Erfüllung und unser Glück. Aber unser altes System tobt dabei vor Wut, weil es nicht in Veränderung übergehen will und darauf besteht, dass alles bleibt, wie es ist. Leid ist somit unumgänglich. Nur wenn wir lernen, die Dinge in unserem Leben ohne Erwartung und Absicht zu tun, können wir uns befreien von der Instanz, die uns terrorisiert und zu unserem Unglück tagtäglich beitragen möchte. Es ist diese Instanz, die uns eingibt, dass wir alles so tun müssen, damit uns das Außen bestätigt, ehrt und achtet oder fürchtet für das, was wir tun und haben.

Wahres Glück kann nur entstehen über unser absolutes Sein, welches die Dinge aus Liebe tut und nicht aus der Erwartung einer Belohnung oder Bestätigung von außen. Für diesen Prozess braucht es ein ganz ungeheures Maß an Selbstliebe, da wir dazu neigen, uns immer wieder selbst zu verurteilen, wenn unsere Anstrengungen und Leistungen nicht das von uns geforderte Resultat bringen. Bisher hat man uns gelehrt, zu funktionieren, jetzt geht es darum, zu lernen zu sein! Automaten funktionieren, aber wir sind keine Automaten. Wir sind Seelen, die eine Erfahrung haben in einem menschlichen Körper.

«Wir müssen uns im Klaren sein,
dass sowohl Bestrafung
als auch Belohnung Schranken sind,
die uns einengen.»

Auch gilt es, das Konzept von Belohnung und Bestrafung bewusst immer wieder aufzulösen. Es ist dies ein vom Menschen erfundenes und installiertes Denksystem, welches Teil des Automaten ist. Ich möchte sehr gerne darauf hinweisen, dass das Universum gar nicht nach diesem Prinzip funktioniert. Okay, die Idee, nicht bestraft zu werden, ist ja verlockend. Aber der Gedanke, nicht belohnt zu werden, zieht den meisten von uns den Boden unter den Füßen weg. Und doch ist dies ein Umstand, den man nicht im Geringsten zu fürchten braucht, im Gegenteil! Denn er vermittelt Freiheit. Wir müssen uns im Klaren sein, dass sowohl Bestrafung als auch Belohnung Schranken sind, die uns einengen. Ob ich etwas nicht mache aus Angst vor einer Bestrafung ist genau dasselbe, wie wenn ich etwas tue, weil ich belohnt werden möchte.

In beiden Fällen hat uns jemand im Außen im Griff. Belohnung und Bestrafung sind ein Käfig, in dem wir uns so lange aufgehalten haben, dass wir denken, er sei unsere Realität. Natürlich ist er auf der Ebene, auf der wir ihn erschaffen haben, real geworden, aber wir haben auch die Möglichkeit, ihn zu verlassen. Und im Rahmen eurer Selbstliebe würde ich doch sehr empfehlen, dass ihr das alle nun tut. Gehen wir noch ein Stück weiter in diese Gasse hinein und beleuchten einen essentiellen Aspekt: Wenn ich für nichts, was ich tue, belohnt werde, dann heißt das, dass ich einfach die Dinge tue, die ich für mich

– aus mir selbst heraus – tun möchte. Durch diese Haltung bewege ich mich in meine zentrale kosmische Schöpferkraft. Eine Einstellung, die nur wirken kann, wenn ich ganz bei mir selber bin. In mir. In Ruhe.

«Die Bewusstheit, dass ich aus mir selbst heraus bin, ist der Ausdruck der göttlichen Urkraft.»

«Im Anfang war das Wort und das Wort war bei Gott.» Der Anfang des Johannes-Evangeliums beschreibt genau diesen Umstand, zwar auf etwas kryptische, aber dennoch sehr exakte Weise. Es geht bei dieser berühmten Formulierung darum, wie das Wirken der göttlichen Kraft für dieses Universum definiert wird: durch einen selbst! Der Autor beginnt das Evangelium, indem er beschreibt, wie sich die göttliche Urkraft für diese Dimension codiert, auf welche Art sie sich also manifestiert (In anderen Universen kann das ähnlich oder anders sein.).

Die Bewusstheit und die Erkenntnis, dass ich aus mir selbst heraus bin und nicht durch das Außen definiert werde, ist quasi die Schwimmweste, die mich sicher durch diese Dimension trägt, die mir von außen das Gegenteil vermitteln möchte. Je mehr ich diese Bewusstheit erlange, desto mehr werde ich zu einem Kanal für die göttliche Urkraft. Wenn man diesen alten Text auf unsere Zeit frei übertragen möchte, damit sein Sinn offenliegt und verstanden werden kann, könnte er in etwa so lauten: *«Am Anfang steht die Bewusstheit, dass ich aus mir selbst heraus bin, und die Bewusstheit, dass ich aus mir selbst heraus bin, ist der Ausdruck der göttlichen Urkraft.»*

Was trägt außerdem dazu bei, dass wir in dieses Gefühl des Spirituell-beleidigt-Seins kommen? Es ist unsere Einstellung, dass wir selber am besten wissen, was gut für uns ist. Oft ist es aber so, dass das Universum mit einem Gutschein winkt für etwas viel, viel Besseres. Etwas, das uns unendlich viel glücklicher machen würde. Doch unser Kopf möchte es nicht zulassen, da er ja schließlich mit der Aufgabe betraut sein will, für uns zu sorgen.

Wir sind also gefangen in – meist alten – Konzepten von uns selber oder in Ideen, die gar nicht von uns stammen, sondern die wir einmal angenommen haben und so lange weitergetragen haben, bis wir anfingen zu denken, dass wir das sind. Es kann sich dabei auch um Meinungen über uns selbst handeln, die wir aus vergangenen Verkörperungen mitbringen.

«Oft winkt das Universum mit einem Gutschein für etwas viel, viel Besseres – etwas, das uns unendlich viel glücklicher machen würde. Doch unser Kopf lässt es nicht zu.»

Diese Ansichten rühren von früheren Erfahrungen her, die wir eigentlich hinter uns gebracht haben, die uns aber noch etwas «terrorisieren» können. Ganz egal, woher diese Dinge kommen, wir können uns von ihnen befreien, indem wir einfach nochmals aus dem Ei schlüpfen, das heißt, dass wir uns aus uns selbst heraus noch einmal neu gebären. Für viele mag dies eine unangenehme Vorstellung sein, ganz aus sich heraus das Wesen zu werden, das man wirklich ist. Der Aufwand, sich im Außen neu zu positionieren, erscheint einfach zu groß.

Außerdem laufen wir Gefahr, dass bestimmte Formen von Bestätigungen, die wir bisher im Außen erhalten haben, nun ausbleiben, weil wir die Ansprüche und Vorstellungen dieser «Energielieferanten» nicht mehr erfüllen und daher nicht mehr von ihnen versorgt werden. Viele Menschen bleiben deshalb lieber durch das Außen definiert als aus sich selbst heraus. Lieber bezahlen sie einen Teil ihrer Bestätigung mit innerem Leiden, dies erscheint ihnen weniger schmerzhaft, als durch die Veränderung zu gehen. Doch diese Neuausrichtung stellt eine äußerst gesunde Korrektur in unserem Leben dar: Wir werden dadurch angehalten, so wenig wie möglich von der Bestätigung durch Andere zu leben. Das ist unbedingt nötig, wenn wir nachhaltig glücklich sein möchten. Und in den meisten Fällen lernen wir dies nicht freiwillig, sondern nur, wenn wir uns durch bestimmte Umstände in der schmerzhaften Situation befinden, dass uns nichts in unserem Leben mehr bestätigt.

Es ist, wie wenn wir ein Rauschmittel, das wir aus Gewohnheit immer zu uns genommen haben, auf einmal absetzen und wir uns aus uns selbst heraus klar spüren. Zunächst tut einfach einmal alles weh und wir fühlen uns wund und geprügelt. Doch aus diesem Punkt heraus kann eine wunderbare Veränderung entstehen. Dies ist der Trümmerhaufen, aus dem eine kostbare neue Pflanze hervor- kommt und sprießt. Unser Selbstwert definiert sich vollkommen neu und wir lernen, uns selber mit Liebe zu versorgen.

«Unser Selbstwert definiert sich vollkommen neu und wir lernen, uns selber mit Liebe zu versorgen.»

Natürlich wird es, solange wir menschlich sind, immer eine angenehme Erfahrung bleiben, von Anderen bestätigt zu werden. Bin ich jedoch total davon abhängig, kann ich nie richtig in meiner Essenz ankommen. Ganz von der Bestätigung Anderer zu leben, ist selbstverständlich auch möglich. Wir befinden uns in einem Universum des freien Willens, in dem es kein *richtig* oder *falsch* gibt, sondern einfach die Möglichkeit, frei zu entscheiden. Wenn mir bestimmte Dinge aber wiederholt Kummer und Leiden verursachen, dann ist es jedoch in den meisten Fällen ein Hinweis unseres Höheren Selbst, dass wir eine Veränderung nötig hätten - im Rahmen unseres kosmischen Wohlbefindens.

«Wo ein Wille ist, ist auch ein Weg!» Sicher, wo ein Wille ist, entsteht immer ein Weg, bloß, wohin führt er? Wir können durch die Ausübung unserer Willenskraft lange erfolgreich sein und im Außen einen durch unseren Willen definierten Weg einschlagen. Versagt diese Kraft aber aus irgendeinem Grund, so sind wir damit überfordert. Wenn wir nur glücklich sein können, wenn wir «unseren Willen haben», macht uns diese Einstellung äußerst schwach und verletzlich, da wir bisher nicht gelernt haben, dem Fluss des Lebens zu vertrauen. Diese menschliche Grundhaltung zeigt sich auch in unserer Haltung der Natur gegenüber, in der Idee, dass der Mensch die Natur «zähmen» und beherrschen soll. Es ist dies eine Haltung, die Leid unausweichlich macht. Der Wille ist ein schlechter Schneider. Oft nimmt er nach wenig nachhaltigen Regeln Maß und wir erhalten dann das Kleid, das wir zwar wollten, aber nicht dasjenige, welches uns am besten steht.

«Der Wille ist ein schlechter Schneider. Wir erhalten zwar das Kleid, das wir wollten, aber nicht dasjenige, welches uns am besten steht.»

Um einzusehen, was uns am besten steht und am vorteilhaftesten kleidet, ist unser Wille zu nahe an unserem Ego (oder man könnte auch sagen, er ist unser Ego!). Und so dürfen wir so lange Kleider zweiter Wahl tragen, bis wir offen genug sind, um uns nur noch mit Erstklassigem zu kleiden, in dem wir besser zur Geltung kommen, als wir es je für möglich gehalten hätten. In Lebenssituationen, in denen mein Wille nicht mehr siegt, werden wir im Idealfall offen für ein höheres Steuerungsprinzip, das «Dein Wille geschehe»-Prinzip, auch transpersonaler Wille genannt. Um dies zu erreichen, müssen wir jedoch den Mut fassen, die Dinge, die wir am meisten möchten, loszulassen.

Das heißt, wir müssen erst die Kleider zweiter Wahl ausziehen, damit wir die erstklassigen Kleider empfangen und anziehen können. Und das ist schwer, da wir an vielen Dingen zweiter Wahl unheimlich hängen und deren Verlust fürchten sowie die Unsicherheit, nicht zu wissen, was geliefert wird. Nun ist es aber so, dass wenn ich etwas loslasse, das wirklich zu mir gehört und es in Wahrheit gut ist für mich, es immer durch Resonanz zu mir zurückkommen wird. Ich kann nichts verlieren, wenn ich die Dinge loslasse. Alles, was wirklich wichtig ist für mich und zu mir gehört, wird zu mir zurückfinden, da es untrennbar mit mir verbunden ist. Und alles, was weggeht, um nicht wiederzukommen, hat Platz gemacht für neue und bessere Kleider, die ich mir oft vielleicht nicht vorstellen konnte, weil meine Ansicht darüber, was mir steht und was mir zu tragen möglich ist, von einer begrenzten Perspektive – dem personalen Willen – geprägt wurde.

«Alles, was wirklich wichtig ist für mich und zu mir gehört, wird zu mir zurückfinden, nachdem ich es losgelassen habe, da es untrennbar mit mir verbunden ist über Resonanz.»

Ihr seht also, meine Lieben: In den Momenten des Spirituell-beleidigt-Seins öffnen sich uns Tore in höhere Realitäten, und wir erzeugen Schmerz, indem wir auf unserem Recht bestehen, nicht hindurchzugehen. Die Kunst in diesen Momenten besteht darin, dieses Sich-Wehren zu minimieren. Und bitte beschuldigt euch nicht, wenn das mit dem Loslassen und dem Nicht-Wehren nicht auf Anhieb oder nicht immer klappt. Ihr übt hier ganz neue Prinzipien ein, die unseren erworbenen mentalen Prägungen, welche sich auch in unserem menschlichen Körper eingenistet haben, entgegenlaufen. Und am raschesten können wir uns verändern, wenn wir uns bemühen, stets liebevoll und absichtslos, das heißt, ohne Erwartungen zu sein. Erwartungshaltungen sind mächtige Bremsen und diese wollen wir auf unserer Reise ins Meisterbewusstsein eigentlich nicht, oder?

Übung 5
Der Garten von Sanat Kumara

Sanat Kumara ist ein kosmischer Logos oder ein göttliches Wirkungsprinzip von einer sehr, sehr hohen Ebene. Es sorgt dafür, dass in dieser Dimension eine Entfaltung unserer kosmischen Existenz überhaupt möglich ist. Sanat Kumara entspricht dem Prinzip, welches im Christentum als «Gott-Vater» bezeichnet wird. Sein männliches Attribut erhält er durch seine stark ausrichtende Energie, wir empfinden ihn deshalb in dieser Dimension als männlich. Jedoch sollten wir uns darüber im Klaren sein, dass ein so gewaltig hohes Bewusstsein alles in sich vereint, was uns in Polarität erscheint. Er ist – wie alle höheren Wesen – weiblich, männlich und sehr viel mehr. Sanat Kumara wird auch als «Herr-

scher der Erde» bezeichnet, da ohne sein ordnendes Wirken nichts in seine Pracht kommen kann auf dieser Ebene hier.

Wenn ich also in einer Lebenslage stecke, die bei mir den Eindruck erweckt, dass ich nichts mehr verwirklichen kann im Außen, wenn ich das Gefühl habe, meine Entfaltung ist blockiert, so kann es hilfreich sein, eine bewusste Einstimmung mit Sanat Kumara vorzunehmen. Wir sind alle von Grund auf «in seinem Schoß» aufgehoben. Aber je nachdem, mit welchen Aufgaben wir auf karmischer Ebene betraut sind, kann es nötig sein, dass wir unsere «Codes» mit Sanat Kumara erneuern. Es ist dies z.B. der Fall, wenn ich sehr intensiv an meiner zellulären Information gearbeitet habe, dass ich mein erneuertes zelluläres Gedächtnis wieder mit «Sanat-Kumara-Codes» anreichern muss, damit die neue Schwingung (die aus dem Hohen Selbst in unser System geflossen ist) für diese Dimension als Ganzes codiert werden kann (und nicht nur für unseren Körper). Es mag dies leicht abgefahren und abstrakt klingen, es ist aber eine «technische» Realität in der Funktionsweise unserer Daseinsebene.

Die Einstimmung mit Sanat Kumara ist denkbar einfach. Das Einzige, was es zu berücksichtigen gilt, ist, dass wir unsere eigene Vorstellung von ihm zulassen und finden und nicht eine der zahlreichen Darstellungen übernehmen. Es gibt viele unterschiedliche Darstellungen und Beschreibungen von Sanat Kumara und jede davon ist richtig. An einem hohen göttlichen Logos spiegelt sich jedes Wesen einer niedereren Entwicklungsstufe, und jede Spiegelung hat ihre Gültigkeit. Für die Wirkungskraft dieser Meditation ist aber zentral, dass wir unser eigenes Erleben von Sanat Kumara finden. Und so stellen wir uns einfach auf seine Energie ein, am besten geht dies über seinen Namen, der wie ein Mantra funktioniert.

Ich kann einfach mit dem Klang seines Namens meditieren, indem ich mich darauf einschwinge und dann einfach alles zulasse, was entstehen will. Die Begegnung mit Sanat Kumara ist wie das Begehen und Entdecken eines Gartens oder einer Landschaft. Und dies, weil diese Dimension sein Garten ist und wir Gewächse, die er gepflanzt hat und pflegt. Wir wachsen aus uns selber heraus, aber es ist wichtig zu wissen, wer uns die Erfahrung hier ermöglicht. Und so ist das bewusste Eintauchen in den Garten von Sanat Kumara eine zentrale Möglichkeit, unser Leben und unseren Fortbestand auch auf materieller Ebene zu pflegen und zu nähren. Oft haben sehr alte Seelen die Neigung dazu, diese irdische Ebene mehr oder weniger abzulehnen, wenn sie in die Nähe ihrer Erfüllung bezüglich dieses Planeten kommen. Sie spüren, dass sie diesem Garten nun bald entwachsen. Aber bis es soweit ist, ist es von großer Dringlichkeit und Schönheit, diesen Garten immer wieder anzunehmen.

6 Zwei Wörter mit E

Man hat uns über viele Jahre hinweg versucht beizubringen, dass, wenn wir glücklich sein wollen, es nötig ist, erfolgreich zu sein. Dies ist eine der subtilsten und vielleicht auch perfidesten Formen der Seelenfängerei. Denn Erfolg macht nie glücklich, nur Erfüllung ist dazu in der Lage. Erfüllung kann als Nebenprodukt bei bestimmten Leuten etwas generieren, das man als «Erfolg» bezeichnen würde. Und die Verstrickung dieser beiden Zustände wollen wir nun etwas genauer unter die Lupe nehmen.

«Erfolg macht nie glücklich,
nur Erfüllung ist dazu in der Lage.»

Wenn ich primär nach Erfolg strebe, bemühe ich mich immer um Anerkennung und Bestätigung im Außen. Erreichen wir diese, können wir uns dadurch für eine bestimmte Zeit sicher und genährt fühlen, jedoch ist das Brett, auf dem wir stehen, ein wackliges … Da alles, was existiert, konstantem Wandel unterliegt, wird auch diese Bestätigung früher oder später ausfallen. Vielleicht nur zu einem bestimmten Grad – vielleicht aber auch total. Versiegt die Energiequelle, die mich im Außen versorgt, habe ich ein Problem. Vielleicht löst es sich dadurch, dass sich eine andere Situation findet, die mich speist. Vielleicht werde ich aber auch die Erfahrung machen, dass nur ich selbst in der Lage bin, mich nachhaltig zu versorgen.

Das Prinzip des Erfolges basiert ja darauf, dass ich bestimmte Dinge tue, um von dem System, in dem ich mich bewege, bestätigt zu werden. Ich vertrete dabei die Bedürfnisse des Systems, von denen ich denke, dass es meine eigenen sind. Diese Vermischung entstand dadurch, dass es für die Menschheit nötig war, bestimmte überpersönliche Strukturen zu erstellen, um auf ihrem Weg vorwärts zu kommen. Zudem hatten bestimmte kosmische Kräfte begonnen, diesen Umstand für sich auszunutzen. Sie wollen die Menschheit wie Hamster in einem Rad strampeln sehen, um sich von der davon produzierten Energie zu nähren.

> *«Wir sind Wesen von einer sehr großen Kraft.*
> *Unser Potenzial ist gigantisch.»*

Wir sind Wesen von einer sehr großen Kraft. Unser Potenzial ist gigantisch, und so sind wir als «Beutetiere» äußerst attraktiv, da man uns auf vielfältige Weise verarbeiten kann … Unsere innere Haltung bestimmt, ob wir unser göttliches Potenzial uns selber zukommen lassen oder ob wir uns in einer bereitwilligen Opferhaltung einer anderen, hoch manipulativen, Ebene zu Verfügung stellen. Überall, wo wir auf äußerst strenge und stark vereinheitlichende Strukturen treffen, haben wir es mit Kräften zu tun, welche die individuelle Entfaltung – und damit die Entfaltung unserer kosmischen Schöpfer-Energie, die vollständig an die Entfaltung unserer Individualität gebunden ist – unterbinden möchte. Das Ziel dieser Kräfte ist es, unsere Energie einem System abzuliefern. Diese Strukturen sind in fast allen Bereichen unseres Lebens präsent und sind ein integraler Bestandteil der menschlichen Zivilisation seit dem Ende von Atlantis.

Für den Aufstieg der Dimension «Erde» liegt ein zentraler Schlüssel darin, wie wir damit umgehen. Das Allerwichtigste ist, dass uns die Einsicht und die Erkenntnis dieses Umstandes bewusster macht und wir verstehen, dass wir diese hemmenden Kräfte nicht bekämpfen dürfen. Denn alles, was ich bekämpfe, versorge ich mit Energie. Dies ist die zentrale Haltung, die es uns ermöglicht, in eine höhere Schwingung vorzudringen, oder besser gesagt, aufzusteigen.

Und wie sieht denn nun eine sinnvolle Auseinandersetzung mit diesen Umständen aus, wenn ich sie nicht nach «alter Schule» bekämpfen soll? Nun, es geht darum, zu erkennen, welche Prinzipien in unserem irdischen Leben unsere Entfaltung nähren und welche sie hemmen, und dann den Mut und das Vertrauen zu fassen, unser Leben entsprechend zu gestalten.

In unserer Zeit und in unserer Gesellschaft ist es unbedingt wichtig, sich zu erlauben, einer Tätigkeit nachzugehen, die man liebt. Dies ist oft ein steiniger Weg und es kann Unmengen an Kraft und Durchhaltevermögen fordern von uns. Aber es ist auch der gründlichste Schulungsweg in unserer Zeit, da wir durch ihn eine Vielzahl von Themen, welche wir mitgebracht haben als Seele in dieses Leben, transformieren können. Und es gilt, sehr vieles stetig zu beachten auf diesem Weg. So sind wir zum Beispiel dazu codiert worden, dem Geld die Macht zu geben über unsere Arbeit. Dazu gehört auch die Annahme: Es ist wichtig, gut zu verdienen, dann sind wir sicher. Sicher?

«Alles, was ich bekämpfe,
versorge ich mit Energie.»

Über eine lange Zeitspanne betrachtet, nährt uns die Beschäftigung mit einer Tätigkeit, die uns erfüllt, auf eine ganz andere Weise. Dies heißt nicht, dass wir nicht über einen Beruf, den wir lieben, gutes Geld verdienen können. Aber das Finanzielle soll in keinem Falle die erste Motivation sein, sonst sind wir nicht bei uns. Wir stehen vollkommen zu uns selber, wenn wir einer Tätigkeit nachgehen, die eben nicht ein Job, sondern ein Beruf ist, ein Wirken, zu dem wir uns berufen fühlen. Würde jede Person im Rahmen ihrer Möglichkeiten und des für sie Machbaren einer Berufung nachgehen und nicht einem «Job», würde sich dieser Planet vollkommen verwandeln. Und das ist die Richtung, in welche wir gehen wollen, nicht wahr, meine Lieben?

Denn über eins müssen wir uns im Klaren sein: Erfolg bedeutet nichts anderes, als dass ich meine Energie einem System zur Verfügung stelle in der Hoffnung, dass mich dieses nach oben spült ... Ich gebe die Macht über mein Glück dadurch ins Außen. Erfüllung hingegen heißt: Ich lasse meine Energie ganz in die Verwirklichung meines Inneren fließen und ich versuche, allen Dingen, die daraus im Außen resultieren, nicht zu viel Macht zu geben. Wenn ich einer Berufung folge aus meinem Herzen heraus, kann es durchaus sein, dass mir dadurch großer Erfolg im Außen beschert wird mit Geld und Anerkennung. Dann besteht die Gefahr, dass ich meinen Fokus verändere und beginne, meine Energie darauf fließen zu lassen. Das wird in diesem Fall meine Grundhaltung verändern und damit die Qualität meiner Arbeit.

«In unserer Zeit ist es unbedingt wichtig, sich zu erlauben, einer Tätigkeit nachzugehen, die man liebt.»

Wenn ich etwas erfahren will über meine wirklichen Bedürfnisse, was ich zu dieser Welt beitragen möchte, so sollte man sich fragen: «Was möchte ich für den Rest dieses Lebens tun, wenn ich genügend Geld habe und nicht um des Geldes willen arbeite?» Diese Frage sollte man sich regelmäßig stellen, sei es, dass man sich in einer Phase befindet, in der man sich seiner Berufung nicht mehr sicher ist, oder um seine eigene Motivation zu klären.

Oft beginnen wir an einer Berufung zu zweifeln, wenn sie uns nicht ernährt. Dies ist immer eine äußerst delikate Situation, da wir dann versucht sind, unsere Berufung dafür zu beschuldigen, dass sie uns nicht oder nicht gut genug erhält. Diesen Umstand müssen wir dann auflösen und nicht mit Kraft bestätigen. Wozu dies dient und wie wir mit der Situation am besten umgehen, wollen wir nun gemeinsam betrachten: Wenn es nun also so wichtig sein soll, in dieser Zeit einer Tätigkeit nachzugehen, die ich liebe, und ich dabei durch die Erfahrung geführt werde, dass mich diese vielleicht nicht - oder zumindest zeitweise - ernährt, dann hat dies wohl einen bestimmten Sinn. Dieser ist aber zunächst sehr schwer zu erfassen, da wir als Mensch in dieser Situation zunächst einmal spirituell beleidigt sind - und zwar mit jeder Faser unseres Seins!

Es geht jedoch bei diesem Prozess darum, alte Erfahrungen aufzulösen, welche uns in unserer weiteren seelischen Entfaltung behindern. Dieses Auflösen macht in dem Moment, da es geschieht, alles andere als Spaß. Sich der Herausforderung zu stellen, ist jedoch von unschätzbarem Wert für die weitere Reifung und Entfaltung unserer Seele hier auf Erden.

So wollen wir nun herausschälen, was denn der Kern der Sache ist und wie wir ihn ausspucken können: Jede reife Seele, die sich in der heutigen Zeit hier inkarniert hat, ist im Laufe ihrer Verkörperungen durch die Erfahrung gegangen, dass alle ihre Bemühungen versagt haben, sich aus eigener Kraft am Leben zu erhalten. So wie zu unserem irdischen Weg die Erfahrung gehört, dass wir in unsere Kraft kommen, uns entfalten und erhalten, so gehört ebenso die Erfahrung dazu, uns trotz allergrößter Bemühungen nicht entfalten und erhalten zu können. Es stellt dies eine im weitesten Sinne traumatische Erfahrung dar im Rahmen unseres Seelenweges. Diese aufzulösen, wird uns aber erst zu einem späteren Zeitpunkt in unserer Seelenreise hier auf diesem Planeten zugemutet: in der heutigen Zeit! Und weshalb geschieht dies gerade heute? Es geschieht deshalb, weil die Erde in ein neues Zeitalter eintritt, in dem es darum geht, bestimmte alte, begrenzende Erfahrungen hinter sich zu lassen, und dazu müssen wir sie im wahrsten Sinne des Wortes aus uns „herausarbeiten". Es ist, wie wenn wir in der heutigen Zeit die alte Erfahrung des Nicht-über-die-Runden-Kommens" auf einer anderen Ebene der Selbstentfaltung nochmals erleben, frei werden können von ihr und so Raum schaffen für Neues. Die Erfahrung des „Nicht-über die-Runden-Kommens", also des Scheiterns im Irdischen, stellt eine negative Information im unteren Bereich des Solarplexus dar, und diese müssen wir entfernen, um mehr und mehr in eine liebevolle und freie Entfaltung zu kommen.

Wir durchleben diese Phasen oft mehr als nur einmal im Rahmen unserer Entfaltung, und zwar immer dann, wenn es darum geht, eine neue Erweiterung oder besser gesagt eine Vertiefung unserer Entfaltung anzunehmen. Befinde ich mich also in einer Lebenssituation, in welcher mich meine Tätigkeit, die ich liebe (welche in diesem Moment stellvertretend ist für das irdische Dasein in seiner Ganzheit), nicht hinreichend erhält, so kann ich mit folgender Übung die Transformation unterstützen:

Ich setze mich bequem hin und entspanne mich, indem ich mich vollkommen auf meinen Atem konzentriere. Ich lasse ihn weich und liebevoll ein- und ausströmen. Ich visualisiere Goldenes Licht um mich herum und bitte Geistwesen, denen ich mich besonders verbunden fühle, um ihre liebevolle Unterstützung und Begleitung. Dabei löse ich mich von allen Sorgen, die mich plagen, und generiere aus mir selber heraus ein Feld von innerem Frieden. Alle Formen des Widerstandes, welche meine mentalen Anteile in diesem Moment erzeugen, lasse ich einfach wie ein Beobachter zu und lasse sie ziehen. Der „mentale Behälter" soll sich leeren dürfen in diesem Moment. Und wenn ich dann spüre, dass ich immer mehr in eine wirkliche Ruhe komme, dann bin ich bereit dazu, in die Auflösung des Alten überzugehen: Ich lasse ganz bewusst und kontrolliert das Gefühl zu, es nicht geschafft zu haben, das Gefühl, trotz allergrößter Bemühungen untergegangen zu sein. Ich nehme mich selber vollkommen in Liebe an. Alle Schuld, die ich mir jemals zugewiesen habe, löst sich jetzt auf. Es war eine Erfahrung, kein Versagen. Dieses Auflösen geschieht in Ruhe und Klarheit. Es kann sein, dass dabei intensive alte Emotionen auftauchen, aber auch, dass ich mich quasi unbeteiligt fühle und alles nur wie auf einem Bildschirm an mir vorbeizieht. Danach ist es wichtig, sich zu bedanken für die Unterstützung aus der geistigen Welt und für ein paar Minuten sich wieder komplett im Feld des inneren Friedens zu wiegen, bevor wir wieder in unser Alltagsbewusstsein zurückkehren.

Es ist dies eine hochintensive Form von astralem Heilen, in welcher wir alte Emotionen auflösen können, uns von ihnen befreien und so Platz schaffen für neue, lichtvolle Erfahrungen.

Wichtig ist es, in Lebensphasen, in denen ich zu kentern fürchte, nicht im Außen zu kämpfen, da ich sonst den alten Zustand nähre und aufrecht erhalte, sondern ganz konzentriert und liebevoll auf die oben beschriebene Art und Weise über das eigene Innere einen neuen Weg einzuschlagen und unsere Lebenssituation so zu stabilisieren.

Wenn mein eigenes Tun, das Realisieren meiner Berufung im Außen auf Resonanz trifft, dann wird man dies als Erfolg bezeichnen. Aber diese Art von Erfolg ist, wie schon gesagt, ein Nebenprodukt und nicht der Hauptzweck. Interessiert mich aber in erster Linie das Erfolghaben an sich und die Tätigkeit, die es auslöst, muss ich mir im Klaren sein, dass ich mich dadurch in einer wahrhaft unsicheren Lage befinde.

Die Klärung dieses Prinzips ist im Moment in eurer Gesellschaft sehr zentral, da , wie kaum je zuvor, zu beobachten ist, dass viele Menschen das Bedürfnis haben, berühmt zu sein. Sie wollen nicht eine Tätigkeit ausüben, über die sie eventuell berühmt werden könnten. Nein, sie wollen einfach nur die reife Frucht, ohne die Mühe auf sich nehmen zu wollen, den Garten zu hegen und etwas anzubauen.

Es handelt sich dabei um ein «verabsolutiertes» Ego. Und da dies hier ein Planet des freien Willens ist, ist dies auch möglich. Wichtig ist zu verstehen, welche Seelenkräfte dabei entwickelt respektive nicht entwickelt werden. Für die Seele hat Erfolg keinen Wert, sie interessiert vielmehr, welche Erfüllung dahinter steckt.

«Sich Dingen zu stellen,
die wir noch nicht können,
bewirkt immer Wunder.»

Die Erfahrung des Sich-erfolgreich-Behauptens im Außen ist in einem mittleren Stadium der Seelenreife sehr wichtig. Als alte Seele ist es aber vielmehr von Bedeutung, sich bewusst aus diesen alten, bindenden Prinzipien herauszulösen. Dies ist eine Kunst und braucht ein hohes Maß an Selbstliebe, Geduld und Vertrauen. Der Berg, den wir besteigen, ist nicht für Anfänger. Und auch wenn wir uns manchmal beklagen über die Anstrengungen der Wanderung, so sollen wir uns doch immer wieder bewusst machen, dass wir mit Anforderungen betraut werden, die unseren Fähigkeiten entsprechen. Sich Dingen zu stellen, die wir eben noch nicht können, bewirkt immer Wunder.

7 DIE ERDE UND DU

«Die menschliche Erfahrung hat euch vielleicht stärker
geformt als alles andere, was ihr vorher in den Weiten
des Kosmos erfahren habt.
Sie ist von unschätzbarem Wert.»
Tabo T'wan, aufgestiegener Meister vom Sirius

Ihr Lieben! So lasst uns uns nun zu Beginn des zweiten
Teiles dieses Buches eingehender darüber unterhalten,
wie ihr und die Welt als Wesenheiten zusammengefunden
habt. Denn es ist dies eine uralte Geschichte und niemand kann sich mehr so richtig daran erinnern, wie alles
begann. Deshalb wollen wir etwas Licht in das Dunkel
eurer eigenen Vergangenheit schicken: Seht ihr, es ist nun
so, dass dieses Universum, von dem ihr noch immer
denkt, dass es das große und unendliche Ganze darstellt,
lediglich ein kleinster Ausschnitt ist von allem, das wirklich existiert. Und so seid ihr – und alles andere, welchem
wir hier begegnen – nicht in diesem Universum entstanden. Dieses Universum ist ein Schulhaus und die
Erde eines von vielen Millionen Klassenzimmern. Ihr
besucht die Erde «nur», um euren Hunger nach Entwicklung und Verfeinerung zu stillen.

Begonnen hat die Geschichte zwischen uns und der
Erde auf einer anderen Ebene, lasst sie uns Super-Universum nennen. Eure Existenz im Super-Universum
währte bereits lange und ihr wart an einem Punkt angelangt, an dem ihr die Erfahrungsmöglichkeiten dieser

Daseinsebene schon so vollkommen ausgeschöpft hattet, dass ihr begannt, euch zu langweilen und ein Begehren nach neuen Erfahrungen zu entwickeln. Eure Betreuer und Lehrer nahmen euren Lernwillen sehr, sehr ernst und haben deshalb für euch eine neue Schule geschaffen. Und wie genau begab sich dieses?

Nun, sie wussten, dass zunächst ein zentrales Wesen von einer unvorstellbar hohen Entwicklung vonnöten sein würde, welches euch in eurem nun folgenden Abschnitt der Bewusstseinsentwicklung anleitet. Und wie ihr euch denken könnt, kommt ein solches Wesen von einer wiederum höheren Ebene – lasst uns diese wiederum Hyper-Universum nennen. Wir haben nun auf der einen Seite eine beträchtliche Anzahl Seelen, die sich von den Möglichkeiten ihres angestammten Super-Universums nicht mehr herausgefordert fühlen und nach neuen Verwirklichungen lechzen. Auf der anderen Seite gibt es ein sehr, sehr weit entwickeltes Wesen, welches sich bereit erklärt hat, für genau diese Gruppe ein neues «Übungsprogramm» zu entwickeln, auf dass ihre Langeweile vollständig verfliege.

«Die Erde ist kein Kindergarten, sie ist eine hohe Universität – und ihr seid keine Anfänger, ihr verfügt in euch selbst über ein sehr hohes kosmisches Wissen.»

Und so wie sich Lehrer und Schüler zur Arbeit in einen besonderen Raum begeben, haben wir Seelen dasselbe mit dem hohen Wesen, welches unsere Erde ist, getan. Wir haben dieses Klassenzimmer, diesen energetischen Raum, aus dem fortwährenden Kontakt zwischen der Erde und den Seelen erschaffen. Und so wie jeder Lehrer einen bestimmten pädagogischen Ansatz verfolgt, so hatte sich auch die Erde überlegt, über welches Prinzip sie euch eine weitere Entwicklung und Vertiefung eurer Seelenkräfte ermöglichen kann. Lasst uns diesen Punkt nutzen, um einen Moment innezuhalten.

Es ist ganz wichtig, sich bewusst zu machen, dass ihr, bevor ihr begonnen habt, euch auf der Erde weiterzubilden, alle hohen Schulen eures Super-Universums durchlaufen hattet und bereits sehr weit entwickelte, mächtige, kosmische Wesenheiten wart. Die Erde ist kein Kindergarten. Sie ist eine hohe Universität – und ihr seid keine Anfänger, ihr verfügt in euch selbst über ein sehr hohes kosmisches Wissen. Dieses wieder zu aktivieren, bildet einen wichtigen Punkt in der weiteren Entwicklung eurer selbst. Denn die Tausenden von Erderfahrungen haben in euch eine Idee der Macht- und Kraftlosigkeit generiert, mit der ihr euch übermäßig identifiziert. Aber da nun viele von euch dabei sind, ihre Erderfahrungen abzuschließen, ist es von besonderer Wichtigkeit, euch wieder auf eure kosmische Identität zu besinnen und euer Potenzial in Liebe zu reaktivieren. Unerhörte Mengen von Wissen können jetzt zusammenfließen und etwas wunderbar Neues erschaffen. Kurz gesagt: Ihr seid alles andere als Anfänger! Lasst euch daraus Mut und Vertrauen schöpfen für das Annehmen von Veränderung und Liebe. So lasst uns nun gemeinsam zu ergründen versuchen, wie das didaktische Konzept der Erde aufgebaut ist, über welche Prinzipien dieses Wesen euch noch glücklicher, schöner und mächtiger machen möchte auf kosmischer Ebene.

«Die Erde nimmt alles, das hier ankommt, einfach an.
Dadurch ermöglicht sie allem eine Erfahrung und ein Leben.»

Das zentrale Schulungsprinzip, welches euch auf der irdischen Ebene widerfährt, ist die Dualität. Ja/Nein, Frau/Mann, Tag/Nacht, Oben/Unten, und so weiter … Diese Polarität ist euch so normal geworden, dass es gut ist, darauf hinzuweisen, dass dies eine derart unfassbar neue Erfahrung war für euch – so weit weg von allem, was ihr vorher erlebt und gelernt hattet –, dass es Äonen brauchte, um so weit in die Dualität hineinzusinken, wie ihr es jetzt seid. Jede Zelle eures menschlichen Körpers ist das Resultat dieser langen Reise durch diese duale Erfahrungsebene. Euer menschlicher Körper ist sowohl Ermöglicher wie auch das geniale Produkt eurer bewusstseinserweiternden Reise. Für diese erstaunliche Leistung, so viele unterschiedlichste Emotionen in diesen irdischen Körper zu integrieren, erntet ihr viel Lob und Bewunderung.

Aber erinnert euch bitte daran: Ihr seid nicht dieser Körper! Euer menschlicher Körper ermöglicht euch als Seele lediglich eine Erfahrung auf dieser irdischen Ebene. Ihr seid über eure Physis zunächst einmal Teil der Erde. Jedes Wesen, das auf diesem Planeten existiert – sei es nun eine Pflanze, ein Tier oder ein Mensch – ist über seine irdische Körperlichkeit vollständig mit dem Planeten verbunden. Mehr sogar: Es ist Teil von ihm. Und dieser Umstand zeigt uns die grundlegendste Eigenschaft der Erde, ihre Arbeitsgrundlage sozusagen: Sie nimmt an. Dieser Umstand ist so einfach und so komplex für euch, dass ihr die Fähigkeit, ihn wahrzunehmen, etwas verloren habt. Die Erde nimmt alles, was hier ankommt, einfach an. Dadurch ermöglicht sie allem eine Erfahrung und Leben. Es ist wichtig, sich die Bedeutung dieser gewaltigen Gegebenheit wieder bewusst zu machen. Es ist dies der Ausdruck von Liebesfähigkeit auf einer sehr viel höheren Ebene, mittels derer die Erde für euch und mit euch zusammen eine Dimension kreiert hat. Auch sie lernt durch die Zusammenarbeit mit euch und entwickelt sich dadurch weiter. Dennoch müssen wir uns immer vor Augen halten, dass wir uns auf einem unvorstellbar hohen Wesen aufhalten, dessen Bewusstsein und Weisheit uns eine einmalige neue Erfahrung bietet.

«Alleine der Umstand, dass die Erde in der Lage ist, ein Schoß zu sein für alle Formen des Lebens, die wir hier vorfinden, gibt uns einen deutlichen Hinweis auf ihre Kraft.»

Die kosmische Weisheit der Erde ist nicht erklärbar in Worten, sie ist nur fühlbar als Erfahrung. Wir müssen uns immer wieder bewusst machen, dass es sich beim Planetenwesen Erde um ein Bewusstsein handelt, welches unvorstellbar weit entwickelt ist und über eine unglaublich hohe Form von Liebe, Bewusstsein und Empathie verfügt. Und wenn wir uns den Ort vorstellen möchten, woher die Erde kommt, so lässt sich dies nur sehr schwer in Worten beantworten.

Es lässt sich eigentlich nur in der Meditation, in einer geistigen Innenschau, ein Stückchen weit erfassen. Aber lasst es uns zumindest ein kleines bisschen versuchen: Wir können uns die Erde als unfassbar gigantisches kosmisches Elementarwesen denken, welches, ähnlich einem riesigen alten Baum, aus einer ganz anderen «Zeit» stammt. Oder anders ausgedrückt, als ein Wesen, das seinen Ursprung in einem Bereich des Kosmos hat, der uns durch unsere Entwicklungsstufe auf keine Weise zugänglich ist. Alleine der Umstand, dass die Erde in der Lage ist, ein Schoß zu sein für sämtliche Formen des Lebens, die wir hier vorfinden, gibt uns einen deutlichen

Hinweis auf ihre Kraft. Wir fassen also kurz zusammen: Eine sehr, sehr weit entwickelte Wesenheit, die aus einem Hyper-Universum kommt, ermöglicht euch eine Seelenentwicklung, indem sie mit euch auf dieser Ebene einen Teil ihres Körpers teilt. Klingt abgefahren, oder? Ist es auch! Vor allem ist es ein großes Geschenk, diese Entwicklungsmöglichkeit zu bekommen – und zu dürfen. In dem Moment, in dem ihr hier eintrefft, seid ihr in aller Bedingungslosigkeit einfach angenommen. Dieser Inhalt kann Grundlage für eine Meditation sein oder er kann uns einfach regelmäßig an die Basis unserer irdischen Existenz erinnern. Dies stärkt unseren Energiekörper und hilft ganz besonders bei der Transformation der unteren Chakren. Aber woher kommen denn alle diese «religiösen» Meinungen, dass ein bestimmtes Verhalten von uns erforderlich ist, damit «Gott» uns nicht zürnt? Denn dies entspricht ja vollkommen dem Gegenteil des bedingungslosen Annehmens, welches uns die Erde zukommen lässt.

«Die kosmische Weisheit der Erde ist nicht erklärbar in Worten, sie ist nur fühlbar als Erfahrung.»

Nun, es handelt sich dabei, pauschal und einfach formuliert, um Kräfte, die neidisch sind auf diesen traumhaften Entwicklungsort, auf dem wir uns bewegen. Sie möchten unsere kostbare Energie absaugen, um sich selber davon zu nähren. Die Frage ist immer, ob wir dies zulassen. Die ganzen Tendenzen, den menschlichen Körper als sündig und befleckt darzustellen, sind nichts anderes als eine mächtige Manipulation, um unsere Energie anzuzapfen. Begeben wir uns nämlich in das Gedankensystem hinein, dass unsere Körper «sündig» sind, dann lehnen wir damit dasjenige Glied der Erde ab, welches unser Körper ist. Und indem wir dies tun, sind wir nicht mehr in der Lage, die maximale Kraft und die vollständige Energie auf rein körperlich-ätherischer Ebene zu beziehen, was sich dann eben die erwähnten Kräfte zu ihrem Vorteil zunutze machen.

Aber kommen wir zurück zu unserer Mission auf dem Planeten Gaia: Was macht die Erde weiter mit uns, außer dass sie uns annimmt? Sie teilt uns in Licht und Schatten! Und dies ist in der Tat ein großes Mysterium. Wir sind diesen Umstand des «Zerteiltwerdens» in duale Aspekte mittlerweile so gewohnt, dass wir zu denken geneigt sind, dass es sich um unseren Normalzustand handelt. Wir sind nun schon eine ganze Weile in dieser Schule und der Schulungsumstand, durch den wir gehen, hat einen weiten Teil unseres Bewusstseins besetzt. Das soll er auch, denn wir sind ja hier, um unser ursprüngliches kosmisches Bewusstsein massiv zu verfeinern. Diese sehr hohe Dualität, in der wir uns heute befinden, wurde über eine äußerst lange Strecke kontinuierlich und behutsam aufgebaut.

Wir wurden über dieses Prinzip langsam «eingeweicht», um damit Anteil nehmen zu können an der hohen Weisheit der Erde. Man könnte es so beschreiben, dass wir am Anfang unserer Schule so «klar und rein» erschienen, wie wir es nur für möglich hielten. Durch den energetischen Kontakt mit der Erde wurden wir quasi «gesiebt», und zwar so lange und gründlich, bis in dieser Reinheit «Unzulängliches» zum Vorschein kam. Aus diesem Prozess heraus entstanden die Themen der Menschheit, in die wir als Spezies zusammen mit dem Planeten hineingewachsen sind. Diese Themen – Freuden sowie Konflikte – erscheinen uns heute als Inhalte unseres Menschseins, dies stimmt aber nicht wirklich. Sie sind lediglich Werkzeuge und Hilfsmittel zum Erlangen eines höheren Bewusstseins. Und so erschaffen wir manchmal selbst Leiden und Schmerz, indem wir uns zu sehr an etwas heften, das eigentlich nicht Teil von uns ist, sondern lediglich etwas, das für uns arbeitet und uns unterstützen will auf unserem Weg.

Lasst uns noch einmal mittels eines anderen Bildes genauer zu verstehen suchen, was die Erde mit uns Seelen macht: Stellt euch vor, ihr seid einer Sprache wirklich sehr mächtig. Ihr beherrscht sie fließend, könnt jede Situation souverän meistern, jedes Buch lesen, das euch interessiert. Und jetzt begegnet ihr jemandem, der diese Sprache, von der ihr gedacht habt, dass ihr sie vollkommen beherrscht, auf so einem Niveau spricht, dass er oder sie Feinheiten und Nuancen ausdrücken kann, wie ihr es nie für möglich gehalten hättet.

Ihr seid total fasziniert und bittet das Wesen, euch alle seine Fähigkeiten und sein Wissen beizubringen. Das Wesen ist einverstanden und freut sich über eure Begeisterung und sagt zu euch: «Gerne will ich mich deiner annehmen und dir nach meinen besten Möglichkeiten alles anvertrauen, das ich verstanden habe, aber wisse, dass es Zeiten geben wird, in denen du alles vergessen wirst: den Ursprung dieses Unterfangens, deine Freude, deine Begeisterung. Du wirst zu ertrinken glauben in der Mühseligkeit der Schulung und der Langatmigkeit des Prozesses. Und es wird in diesen Momenten nur ein einziges Wesen geben in allen Universen, Hyper- und Super-Universen, das es vermag, dich auf der Spur zu halten und zu schauen, dass du dein Ziel erreichst: DICH!»

Die Erde wusste, dass es unsere Erfahrung sein würde, eine tiefe Form des Gefühls von Machtlosigkeit zu erleben, um auf diese Weise unsere eigene kosmische Macht besser verstehen zu können. Sie wusste, dass sie uns in Schatten tauchen muss, damit wir unser Licht besser sehen können. Und die Erde, die einfach alles annimmt, nicht aus Gleichgültigkeit, sondern als die höchste Form der Liebe, verfährt genau gleich auch mit Wesen, die höher sind als sie selber, wenn sie hier eintreffen: Und so haben auch Buddha und Christus über ihre menschlichen Aspekte dieselben Erfahrungen gemacht wie wir alle.

Auch sie haben, indem sie in Licht und Schatten getaucht wurden, Dinge über sich erfahren, die ihnen nicht bewusst waren. Und auch sie sind durch ihren Aufenthalt hier nochmals gereift. Wenn wir uns zusammen mit dem gesamten Planeten in eine höhere Ebene hinein transformieren wollen, ist es darum wichtig, dass wir uns der Grundlagen, auf denen diese Reise basiert, wieder bewusst werden. Es ist gut, sich wieder zu erinnern, von wo wir aufgebrochen sind, besonders in den Momenten, in denen uns der Sinn der Reise nicht mehr als klar erscheint. Hier noch ein kleiner Nachtrag, um eine Frage zu beantworten, die vielen von euch jetzt im Kopf herum geht: Wie soll das denn funktionieren, dass dieses Universum «nur» ein Schulhaus ist? Alles um uns herum ist doch voll von Planeten, Sternen, Monden, Nebeln, Schwarzen Löchern und vielem mehr?

Nun, dies ist eine Frage, die zu beantworten mir ein großes Vergnügen ist: Habt Ihr euch schon einmal gefragt, weshalb das da draußen alles so riesig erscheint und dazu so leer? Wieso sollte jemand etwas erschaffen, das seinen Sinn nur darin hat, unendlich, unergründlich und «leer» zu sein? Die Antwort ist ganz einfach: Es hat dies alles mit eurer menschlichen Wahrnehmung zu tun, die das Universum in der Form, wie es sich euch zeigt, erschafft. Ihr seid gefangen in einer – in eurer – Version der Wirklichkeit, die von keiner anderen Spezies geteilt wird. Aus diesem Grund erscheint euch das Universum als leer.

«In allen Universen, Hyper- und Super-Universen gibt es nur ein einziges Wesen, das es vermag, dich auf der Spur zu halten und zu schauen, dass du dein Ziel erreichst: DICH.»

Wenn ihr hinausblickt über eure Sinnesorgane, verstärkt durch Messinstrumente, erblickt ihr euch selbst. Ihr findet eine riesige Projektion eures gegenwärtigen kollektiven Bewusstseins. Zwar seid ihr die einzigen EURER ART, aber abgesehen davon ist alles voller Bewusstsein und voller Leben im gesamten Kosmos – Leben in einer solch berauschend schönen Form, dass ihr noch nicht in dessen Angesicht zu blicken wagt. Ihr habt übrigens andere Klassenzimmer ganz in eurer unmittelbaren Nähe: die Planeten, die mit euch durch dasselbe System pulsieren. Sie erscheinen euch jedoch auch leer. Dies hat damit zu tun, dass die Ebene, die ihr momentan wahrzunehmen in der Lage seid, nicht die Wirklichkeit des jeweiligen Planeten widerspiegelt, sondern lediglich für den Schwingungsanteil des anderen Planeten steht, der sich im Rahmen eurer heutigen Wahrnehmung verarbeiten lässt.

Ihr habt euch das Universum in dieser Form erschaffen. Ihr könnt es so belassen, wenn es euch so gefällt. Wenn ihr euch alleine fühlt, könnt ihr es aber auch jederzeit ändern und in einen großen, kosmischen Reigen Einlass finden. Doch ihr könnt zu anderen Gestirnen nicht durch Raum und Zeit reisen, da Raum und Zeit in dieser Gestalt nur für euch existieren, ihr habt sie erschaffen. Es ist eure ureigene Signatur, euer Garten. Wenn ihr zum Nachbarn wollt, dann kommt ihr da nur hin, wenn ihr den Garten verlasst. Jeder Himmelskörper webt seine eigene Dimension, und diese Dimensionen sind grundsätzlich zugänglich, manche ganz leicht, manche weniger.

So wie jedes Haus eine Türe hat, durch die ich es betreten kann, so hat jeder Planet eine bestimmte Eintrittsfrequenz, über die er zugänglich ist. Über den Körper alleine zu reisen, ist nicht möglich. Es verhält sich dies deshalb so, weil euer menschlicher Körper ein Teil der Erde ist. Auch wenn ihr nicht festgewachsen seid mit der Erde wie ein Baum, so verbindet euch eine energetische Nabelschnur mit dem Planeten und ihr könnt in eurer menschlich-stofflichen Form an einem anderen Ort im Universum nur für eine sehr kurze Zeit existieren. Dann zerfällt eure physische und ätherische Struktur, da sie durch die stoffliche Präsenz von Mutter Erde hergestellt und erhalten wird.

«So wie jedes Haus eine Türe hat, durch die ich es betreten kann, so hat jeder Planet eine bestimmte Eintrittsfrequenz, über die er zugänglich ist.»

In einem irdischen Körper gibt es nirgends Lebensbedingungen für euch außerhalb der Erde. So wie man auch eine Pflanze nicht abschneiden kann in der Erwartung, dass sie weiter wächst. Ihr werdet das interdimensionale Reisen – welches die natürlichste Sache überhaupt ist – wieder erlernen, indem ihr aus eurem Innen heraus den

Zusammenhang der Dinge wieder findet und sie so neu zu verstehen lernt. Will ich die Erde verlassen, so lasse ich den Teil von mir, der vollkommen irdisch ist, hier zurück, da er an einem anderen Ort im Kosmos keine Funktion hat. Wir verfügen über genügend feinstoffliche Körper, welche uns für ein solches Unterfangen zur Verfügung stehen. Wenn wir die Erde also verlassen wollen, dann müssen wir den Teil von uns, welcher ganz irdisch ist – also den physischen Körper – hier zurücklassen. Anders können wir diese Dimension nicht verlassen. Dadurch erweisen wir der Erde den gebührenden Respekt.

8 DIE HAND DER FÜLLE

Auf eurem Planeten ist ein Kampf um seine Ressourcen entbrannt, zumindest möchte man euch dies glauben machen. Dieselben Kräfte, die euch über Jahrhunderte hinweg eingeflößt haben, dass eure Körper mangelhaft, sündig und in ihren Bedürfnissen unangemessen seien, versuchen nun auf dieselbe Weise eure Beziehung zum Planeten, von dessen Körperlichkeit ihr ein Teil seid, zu destabilisieren. Auf diese Art möchten sie euch schwächen. Und so wie sie euch vormachen, dass «Gott» von euch bestimmte Dinge «verlangt», damit ihr eine Daseinsberechtigung erhaltet, genau so «sollt» ihr jetzt darum kämpfen, dass ihr überleben «dürft». Doch diese Dinge entsprechen nicht den eigentlichen Tatsachen.

«Auf der höheren kosmischen Ebene, welcher ihr entstammt, ist Fülle ein Naturgesetz.»

Es findet hier eine große Überlagerung statt, welche man aus vielerlei Gründen als boshaft bezeichnen kann. Denn diese Ansprüche, die man an euch geltend machen will, widersprechen in jeder Hinsicht den Grundkonzepten eurer Verbindung mit der Erde, wie wir sie im vorangehenden Kapitel besprochen haben. Die Erde ist ein sehr hohes und erhabenes Wesen. Es wird sich aus sich selbst heraus stetig erhalten und nähren, da es weiß, dass seine erste Verantwortung immer ihm selber gilt. Ihr seid ein Teil des physischen Körpers der Erde und somit wird sie euch immer mit dem versorgen, was ihr benötigt.

Ich weiß, es klingen diese Dinge für euch unglaubwürdig, da eure Erfahrung und eure «Realität» zum größten Teil eine andere ist. Doch lasst uns gemeinsam eure Realität so lange schälen, bis wir auf den Kern der Sache vorstoßen können. Auf der höheren kosmischen Ebene, welcher ihr entstammt, ist Fülle ein Naturgesetz. Es ist dort gar nicht denkbar, dass ihr nicht versorgt seid mit den Dingen, die ihr für euren vitalen und emotionalen Fortbestand braucht. Fülle findet durch euer eigenes Bewusstsein fortwährend statt. Daraus stammt ihr, dies ist eure wahre Natur und eure Herkunft. Und für die Erde, welche aus einer nochmals eminent viel höheren Ebene stammt, sind diese Dinge noch um ein Vielfaches grundlegender. Das heißt, es hat sich etwas zwischen euch und die Erde gestellt, wie ein Störsender, der das ursprüngliche Programm durcheinander bringt und neue Konzepte von Mangel und Armut einspielt. Dies ist in der Tat der Fall. Warum dies so ist und weshalb es wichtig ist für euch, dies zu erleben, wollen wir nun gemeinsam genauer betrachten, um ein tieferes Verständnis für die Situation zu erlangen, in welcher ihr euch momentan befindet.

«Immer, wenn ich etwas erschaffe, trage ich dafür die Verantwortung in dem Sinne, dass das, was ich erschaffen habe, einen Einfluss ausübt auf mich.»

Das Superuniversum, von dem euer Universum ein Teil ist, widmet sich zentral der Erforschung der kosmisch-göttlichen Schöpferkraft, das heißt, der Fähigkeit, «Dinge» zu erschaffen. Dies ist seit langem euer Interesse und eure kosmische Natur. Jeder von euch weiß – vor allem die von euch, welche künstlerisch-kreativ tätig sind

–, dass ich jedes Mal, wenn ich etwas kreiere, damit etwas über mich selbst lerne. Ich lerne über mich, indem ich Dinge erschaffe. Ganz egal auf welcher Reflexionsebene dieser Prozess abläuft, er findet immer statt.

Das heißt, eure ganze Weiterentwicklung auf der Erde zielt darauf ab, dass ihr bessere, verständigere Schöpferwesen werdet. Immer, wenn ich etwas erschaffe, trage ich dafür die Verantwortung, und zwar in dem Sinne, dass das, was ich kreiert habe, einen Einfluss ausübt auf mich. Alles, was erschaffen wurde, existiert in einer energetischen Verbindung zu dem Schöpferwesen, von dem es ausgeht.

Und so kam es nun, dass ihr zum Ende der vierten Entwicklungsperiode der Erde, die wir heute Atlantis nennen, an dem Punkt angelangt wart, an dem ihr dachtet, ihr hättet die Schulung durch die Erde vollkommen verstanden und verinnerlicht. Ihr wart dabei, zu kreieren und zu erschaffen in einer ungebremsten Begeisterung über eure neuen Fähigkeiten. Doch dann begann sich das Blatt zu wenden und ihr erkanntet, dass euch die Dinge, welche von euch ausgelöst wurden, in eurem inneren Reichtum und in eurer Vitalität nach unten zogen. Es kam ein jäher Zerfall über euch und ihr stelltet fest, dass euch – an einem Punkt, den ihr noch nicht ergründen konntet – ein Fehler unterlaufen war in eurem Handeln und dass ihr, entgegen eurer damaligen Annahme, nicht mehr Herr der Lage wart.

«Eure ganze Weiterentwicklung auf der Erde zielt darauf ab, dass ihr bessere, verständigere Schöpferwesen werdet.»

Der Vorhang ging zu und die Erde wurde für eine neue Runde vorbereitet, in der es für euch darum gehen sollte, genau zu verstehen, woran ihr in Atlantis gescheitert wart. Und damit dieses noch tiefere Verständnis für die Zusammenhänge erlangt werden konnte, wurde eure Lernsituation um ein Vielfaches intensiviert, indem man euer bis dahin so ruhiges Klassenzimmer in ein Tollhaus verwandelte. Die Motivation dahinter: Wenn ihr es schaffen würdet, unter diesen Bedingungen zu verstehen, was geschehen war, dann würdet ihr absolut sicher sein mit euren neuen Fähigkeiten.

Was ihr kreiert habt in Atlantis, erzeugte eine vollkommen neue Resonanz und war ein energetischer Türöffner für gänzlich andere kosmische Ebenen, die begannen, auf euch einzuwirken: Es sind solche, die nicht nach dem Prinzip: «Ich liebe dich, du bist frei» funktionieren, sondern nach dem Grundsatz: «Du bist Beute!» Man könnte diese Ebene als ein Subuniversum bezeichnen, ein Universum, welches sich mit schwingungsmäßig sehr viel tieferen Inhalten beschäftigt. In der Folge ging es für die Menschheit darum, sich mit Inhalten auseinanderzusetzen, die bis dahin gänzlich fremd waren. Kämpfen für sein Dasein? Schauen, dass man nicht zu kurz kommt? Das Konzept von Mangel war da – und es war vollkommen neu: «Du hast, ich nicht», «Ich habe, du nimmst es mir weg», «Wir kämpfen darum …». Uff, wie soll man damit bloß umgehen?

Wichtig dabei ist es, erst mal zu wissen: Ihr seid keine Opfer! Ihr befindet euch lediglich in energetischer Verbindung mit etwas, das ihr erschaffen habt. Wenn es euch nicht gefällt, dann könnt ihr es ändern. Aber nur IHR könnt es ändern, niemand anders kann das tun für euch. Die Idee von Mangel habt ihr also nicht aus eurer kosmischen Herkunft mitgebracht – ihr habt sie angezogen, um einen tieferen Einblick in die Zusammenhänge zu erlangen. Aber diese Vorstellung kommt nicht aus euch, und: Sie entstammt euch nicht, und schon gar nicht der Erde. Denn die Erde steht für Fülle und ihr tut das auch. Bloß hat sich die Idee von Mangel in allen Ebenen eingenistet (mehr dazu, wo der Mangel bei euch auf körperlicher Ebene steckt, besprechen wir im Kapitel «Auferstehungsarbeit»).

«Ihr seid keine Opfer! Ihr befindet euch lediglich in energetischer Verbindung mit etwas, das ihr erschaffen habt. Wenn es euch nicht gefällt, dann könnt ihr es ändern.»

Und wie werdet ihr den Mangel nun wieder los? Indem ihr euch bewusst macht, dass euer Außen und euer Innen dasselbe sind, und indem ihr über die Auseinandersetzung mit eurem Innen eure äußere Wirklichkeit verändern könnt. Verlangt nicht von euch, dass ihr alles bekommt, was ihr haben «wollt»; darum geht es nicht! Es geht darum, wieder in Liebe zu seiner Eigenmacht vorzudringen und zu sehen, dass ihr aus euch selber heraus in den göttlichen Zustand von Fülle gelangen könnt. So, und was macht Fülle denn nun aus? Woraus besteht sie?

Die Hand der Fülle besteht aus den Fingern Liebe, Friede, Reichtum, Gesundheit und Schönheit. Ihr neigt in eurer Zeit dazu, Fülle in erster Linie als etwas Materielles zu sehen. Das ist sie aber nicht. Fülle kann und darf sich materiell zeigen. Es braucht in der jetzigen Beschaffenheit eurer Dimension jedoch unter Umständen eine gewisse Zeit, bis sie sich aus dem Inneren – wo sie erschaffen wird – nach außen durchgesetzt hat. Das vollständige Umsetzen des natürlichen Fülle-Prinzips auf der Erde wird noch eine

Weile in Anspruch nehmen. Es ist jedoch wichtig zu verstehen, dass Fülle der natürliche Zustand ist. Nun heißt aber Fülle nicht Immer-mehr-Wollen – das ist Gier - , sondern zunächst einmal das innere Einstimmen auf das kosmische Prinzip «Ich empfange das, was ich brauche – ich habe von allem genug». Der Satz «Ich habe genug» erscheint ja etwas mehrdeutig. Das Prinzip dient aber dazu, uns aus der Umklammerung des Konzeptes, dass wir, wenn wir mehr haben, glücklicher sind, zu befreien. Auch bei der Beschäftigung mit Fülle stoßen wir wieder auf das zentrale, in Kapitel 5 besprochene Thema, dass ich alles, was ich in meinem Leben vorfinden möchte, aus mir selber heraus erzeugen muss.

«Ich gebe meiner Individualität die Macht
und nicht der Konformität. Unsere Schönheit entsprießt
unserem Ur-Eigenen.»

Man kann also sagen, dass ihr verlernt habt, ganz in Verantwortung für euch selber zu sein, und ihr daher oft Mühe habt, diejenigen Dinge für euch zu erzeugen, derer ihr eigentlich bedürft. Dies hat dazu geführt, dass ihr die Gewohnheit entwickelt habt, zu denken, dass es normal ist, Dinge, die ihr braucht, von außen zu erhalten – und keinen Einfluss darauf zu haben! Daraus hat sich ein Muster in euch aufgebaut, das sagt: «Ich kann das, was ich brauche, nur von außen empfangen, alleine bin ich hilf- und kraftlos.» Irgendwie habt ihr euch verlaufen und wisst nicht mehr, wo ihr hingehört. Das wollen wir nun doch recht gründlich wieder umprogrammieren.

Dazu lasst uns zunächst einmal einen genauen Blick auf die fünf Finger an der Hand der Fülle werfen:

Liebe

Liebe ist die höchste für uns fassbare Schwingung. Sie nährt, heilt und transformiert. Liebe heißt nicht Wollen, denn Wollen steht für Unfreiheit. Liebe steht für Freiheit: Wir erlauben jedem Wesen, seine eigene, nur ihm bestimmte Erfahrung zu machen. Die Schwingung der Liebe aktivieren wir in uns selber, sie stellt eine Bewusstseinserweiterung dar, welche wir jeden Moment in uns selber auslösen können. Erleuchtung geht immer einher mit der Fähigkeit, bedingungslos zu lieben. Ohne Liebe ist Erleuchtung nicht möglich. Wir leben meistens in der Gewohnheit, dass Liebe – die höchste Frequenz, die uns zugänglich ist in unserer momentanen Existenz – über das Erleben mit einem Gegenüber in uns entfacht wird. Doch dieses Gegenüber ist dazu gar nicht nötig. Zwar löst ein anderer Mensch in mir das Gefühl der Liebe aus, aber diese Liebe entspringt mir, ich kann sie also auch ohne äußeren Anlass entfachen. Das mag verwirrend klingen, aber es ist einfach eine alte Konditionierung anzunehmen, dass ein anderer Mensch dazu nötig ist. Denn auch wenn ich das einzige Wesen im Universum wäre, könnte ich ganz aus mir selber heraus in die Liebesschwingung eintauchen. Es braucht dazu lediglich Mut – aber kein Gegenüber. Wir müssen diese alte Gewohnheit darum einfach durchbrechen und es erlauben, ganz aus uns selber die Frequenz der Liebe zu entfachen.

Friede

Friede ist das Resultat der praktizierten Form der bedingungslosen Liebe. Wenn ich mich der Dinge entledigt habe, welche mich unfrei machen, dann bin ich in einem Frieden angelangt, den ich weiter trage nach außen. Dies gilt es zu üben – im Idealfall täglich - und zwar indem ich für einen Moment bewusst alle Dinge ablege, die mich «auffressen». Ich lasse Sie einfach gehen. Sie definieren mich nicht mehr und ich gestatte mir, in den Zustand inneren Friedens einzutauchen.

Reichtum

Reichtum hat primär nichts mit Geld und Besitz zu tun. Reichtum ist eine Geisteshaltung, die Haltung der Wertschätzung und Dankbarkeit. Darüber erzeuge ich Reichtum. Selbstverständlich dürfen wir alle materiellen Reichtum erfahren, es ist jedoch nicht zentral. Ich kann, ohne materiell übermäßig versorgt zu sein, reich sein. Überdies bedeutet materiell «reich» zu sein noch nicht, dass ich Reichtum wirklich erlebe. Wenn ich mir vergegenwärtige, was ich in meinem Leben Kostbares erfahre – Liebe, Zuwendung, Freundschaft, Besitz – und dies mit Dankbarkeit und Wertschätzung quittiere, dann erzeuge ich in mir selbst Reichtum.

Gesundheit

Vor allem die physische und ätherische Gesundheit stellen eine große Herausforderung für euch dar, da die Idee des Mangels tief in euren Körpern steckt (mehr dazu im nächsten Kapitel). Der grundlegende Ansatz zu einer Veränderung besteht darin, euren Körpern, die ein Teil der Erde sind und demnach alles tun, um euch zu erhalten, das Vertrauen auszusprechen. Denn wenn ihr eurem Körper mit Argwohn und Furcht gegenübertretet, kann es auf die Dauer nicht klappen. Dies ist die Basis für ein möglichst erfülltes Dasein auf physischer Ebene.

Ohne Vertrauen gibt es keine Gelassenheit, welche für das irdische Wohlbefinden nötig ist.

Schönheit

Schönheit im kosmischen Sinne herrscht überall dort, wo nährende Schwingung erzeugt wird. Wie die anderen Finger entsteht wahre Schönheit über eine innere Haltung und nicht durch das Erfüllen äußerlicher Kriterien. Wenn ich mich annehme, anerkenne und liebe, dann bin ich schön – schön auf einer höheren Ebene, auf der es nicht darum geht, Anforderungen und Normen zu erfüllen. Dieser Zustand von Schönheit ist ebenfalls Teil unserer kosmischen Identität: Ich ruhe in mir, ich gebe meiner Individualität die Macht und nicht der Konformität. Unsere Schönheit entsprießt unserem Ur-Eigenen.

Wie ihr seht, greifen die fünf Finger der Hand der Fülle tief ineinander, sie sind einzelne Facetten eines übergeordneten Prinzips. Es verbindet sie der Umstand, dass wir sie in uns selber erzeugen und nähren sollen, wenn wir sie im Außen erfahren und empfangen möchten. Aus diesem Grund lautet das Mantra zur Erzeugung von Fülle folgendermaßen:

Ich sende und empfange Liebe, Friede, Reichtum, Gesundheit und Schönheit auf allen Ebenen.

Zentral für die Anwendung dieses Mantras ist unsere Absichtslosigkeit. Wenn wir es rezitieren in der Absicht, etwas zu erhalten, dann sind wir in unserem Willen gefangen, und der Wille kann keine Fülle erzeugen. Wir tun es einfach um der Sache willen, weil es uns schön erscheint, dies zu tun. Leide ich gerade an einem akuten Mangel, so ist es von höchster Wichtigkeit, dass ich den Mangel-Tentakel, der mich umgreift, zunächst von mir löse und dann in die

Übung eintauche. Nur so kann ich mich nachhaltig in einen Zustand von Fülle hinein entwickeln.

Und vergegenwärtigt euch immer Folgendes, wenn ihr eine Mangel-Attacke erleidet: Das Mangel-Prinzip will euch einfangen, und es geht darum, ob ihr es erlaubt, ihm die Macht zu geben und über euch zu herrschen. Es ist schwer möglich, sich vollständig davon zu befreien, solange ihr in euren Körpern haust. Aber wenn ihr euch in einer solchen Situation vergegenwärtigt, dass ihr nicht Mangel seid, sondern Fülle, so wird euch die Mangel-Krake automatisch wieder loslassen, da es dann bei euch nichts mehr zu holen gibt.

9 REISEGEFÄHRTEN

Aber wie, bitte schön, kann es sein, dass wir so weit entwickelte Wesen sein sollen, dass die ganze Erdentwicklung unserer kosmischen Verfeinerung dient,
und wir hier trotzdem so einen Schlamassel anrichten? Weshalb sind wir umgeben von Krieg, Hunger, Armut, Missgunst und Neid? Nun, um dies zu verstehen, ist es wichtig, sich zu vergegenwärtigen, dass alles, was wir im Außen vorfinden, mit uns im Kollektiv zu tun hat. Wir sind immer noch dabei, unser atlantisches Missgeschick zu verstehen. Die viel tiefer schwingende Erfahrungsebene, die sich nach dem Ende von Atlantis in unsere Menschheits- und Erdentwicklung eingebracht hat, prägt den gegenwärtigen Entwicklungsabschnitt der Menschheit auf allen Ebenen. Damit ist derjenige Abschnitt gemeint, den die Wissenschaft als die Entstehung der Erde und des sich auf ihr befindlichen Lebens bezeichnet. Wir möchten uns in keiner Weise gegen die Wissenschaft stellen. Unseres Erachtens nach ist es jedoch wichtig, über diesen Zeithorizont hinauszugehen, um die Dinge in ihrer Ganzheit und ihren Zusammenhängen aufzuzeigen.

«Sich auf der Erde zu inkarnieren, ist sehr verlockend, denn sie bietet eine Chance auf eine gigantische Entwicklung.»

Nach dem Ende von Atlantis kamen mit dem nachfolgenden neuen Abschnitt von Gaia viele neue Seelen hinzu, die sich bis dahin nicht auf der Erde getummelt hatten. Sich auf der Erde zu inkarnieren, ist sehr verlockend, denn sie bietet eine Chance auf eine gigantische

84

Entwicklung. Vielen Seelen aus anderen Bereichen des «Multiversums» – wie wir es der Korrektheit halber nennen möchten –, war bis dahin der Zugang zu diesem Schulungsplaneten nicht möglich, da die Frequenzen nicht kompatibel waren. Nun aber fanden sie mit der neuen Ära der Erde Einlass in unser kosmisches Klassenzimmer. Die Fehleinschätzung unserer Kräfte, welche Atlantis zu Fall brachte, hat also vielen Seelen die Möglichkeit erschaffen, sich hier mit uns zu entwickeln. Durch unser Verhalten in Atlantis haben wir eine neue Realität erschaffen. Nicht diejenige Realität, die wir kreieren **wollten**, jedoch offenbar genau die, die uns hilft, die Dinge zu lernen, die wir noch nicht verstanden haben.

Diejenigen Seelen, die neu Einlass gefunden haben in das Klassenzimmer Erde, ermöglichen der Menschheit ihre weitere Entwicklung. Die Dinge, über die wir in Atlantis stolperten, konnten wir nur verstehen lernen, indem wir uns auf bis dahin vollkommen fremde Konzepte einließen. Diese neuen Konzepte – also niederfrequentere Emotionen, wie die unterschiedlichen Formen der Angst – resultieren aus der neuen, dichteren Schwingung der Erd-Dimension. Dieser «Umbau» der Dimension war der größte Einschnitt in der bisherigen Entwicklung der Erde und der Menschheit. Alle vorherigen vier Abschnitte waren sich in ihrer Energie und Beschaffenheit sehr ähnlich. Die stoffliche Verdichtung erfolgte während dieser Erdphasen stufenweise und ganz sanft. Also ganz ohne Stress. Wäre das Ganze ein Theaterstück, könnte man sagen, dass das Bühnenbild in den ersten vier Akten jeweils nur leicht verändert wurde, nun aber für den fünften Akt komplett umgebaut und überarbeitet wurde.

Und wie ging das vonstatten? Nun, es ist dies ein wunderbares und großartiges Beispiel für eine kosmische Interaktion, für ein Hand-in-Hand-Arbeiten von Bewusstseinen aus verschiedensten Dimensionen: Man war gezwungen – wollte man die Schulung auf der Erde weiterführen –, den Planeten in einer dichteren Stofflichkeit zu verankern. Die Erde als Wesen wurde im heimatlichen Hyperuniversum auf diese Aufgabe vorbereitet. Die große Aufgabe lag aber darin, den bisherigen Energiekörper des Menschen an eine neue, dichtere Stofflichkeit anzupassen. Dies war in der Tat ein großes Unterfangen und ein Kunstwerk kosmischen Ausmaßes. Und ihr bekamt dazu ganz viel neue Gesellschaft: die Tiere. Wir müssen uns vorstellen, dass wir in den vorherigen Entwicklungsstufen als Menschheit in dieser planetarischen Dimension tatsächlich alleine waren. Niemand teilte unsere damalige feine Stofflichkeit mit uns. Gruppenseelen, die uns heute als Tiere in physischer Form begleiten, standen uns damals nur im Astralen bis zu einem bestimmten Maß zur Seite und nahmen so an unserer Erfahrung teil. Und nun ist es denn auch so, dass das zentrale Lernthema des fünften Aktes «Zusammenleben» oder «Kooperation» heißt. Und zwar das Zusammenleben mit anderen Wesen, Individualseelen und Gruppenseelen – alle unterschiedlichster Herkunft. Über das Teilen einer gemeinsamen irdisch-stofflichen Erfahrung gehen wir mit ihnen in Verbindung und in einen Austausch.

«Ihr seid dem Tierreich zu unendlichem Dank verpflichtet dafür, dass es über eine riesige Entwicklung hinweg an eurem Körper gearbeitet hat.»

Doch ihr brauchtet Hilfe, um eure neue Stofflichkeit «aufzusetzen» – und diese Hilfe kam mit großer Begeisterung aus den unterschiedlichsten Bereichen des Kosmos. Und als das Angebot ausgesprochen wurde, dass man auf der Erde einen neuen Körper für die Menschheit aufbauen musste, ging ein Raunen durch das Multiversum. Die Erde war bis dahin ein komplett hermetischer Schulungsort gewesen und Gruppenseelen waren an diesem Ort nicht «zugelassen». Doch plötzlich bedurfte man deren Hilfe und dies war eine kleine kosmische Sensation. Die Erde bat um Unterstützung, denn sie brauchte nun einen Körper, in dem sich die gesamte Schülerschar – also die bisherigen Schüler wie die neu dazukommenden – niederlassen konnten.

Dies stellte ein sehr komplexes Unterfangen dar. Die Erde gab aus sich heraus die neue Grundfrequenz vor, auf der die neue Form von menschlichem Leben basieren sollte. Und diese neue Stofflichkeit war so weit vom bisher entwickelten Energiekörper des Menschen entfernt, dass die Menschheit in der damaligen Form in der fünften Phase der Erde so nicht hätte andocken können. Außerdem bestand die Herausforderung darin, dass der neue Körper nicht nur für die alten Seelen passen musste, sondern auch für die neu dazukommenden, deren Energiekörper sich sehr vom bisherigen menschlichen unterschied. Es musste also ein «Adapter» entwickelt werden, welcher diese beiden Energiekörper zusammenführen konnte innerhalb der neuen Frequenz der Erde.

Und so wurde also unter kundigster Führung Zelle an Zelle und Spezies an Spezies gereiht in der Hoffnung, dass man eines Tages zu einem Körper gelange, in den sich die menschlichen Energiekörper einbetten könnten. Und siehe da, das Kunstwerk gelang und viele Universen applaudierten! Die Geschichte, die ihr als die Entstehung des Lebens auf der Erde kennt, wurde ganz für euch – damit ihr die Erde in einem neuen Körper bewohnen konntet – durchgeführt. Es ist daher eigentlich die Entstehung des neuen menschlichen Körpers und nicht des Lebens.

«Der Mensch als Wesenheit stammt nicht vom Tier ab, aber seine neue Körperlichkeit ist durch das Tierreich hervorgebracht worden.»

Leben gab es schon sehr lange vorher auf der Erde, wenn wir über die wissenschaftliche Betrachtung hinausgehen und uns geistig mit dem Weg der Erde auseinandersetzen. Und dieser Weg war ein Hand in Hand von Geben und Nehmen. Ihr seid dem gesamten Tierreich zu unendlichem Dank verpflichtet dafür, dass es über eine riesige Entwicklung hinweg an eurem Körper gearbeitet hat, was ein wundervolles Beispiel für eine riesige, kosmische Kollaboration darstellt. Und auch das Tierreich fühlt sich euch zu großem Dank verpflichtet, die ihr ermöglicht habt, dass all diese kosmischen Energien hier auf der Erde mit dabei sein können.

Dieser nun neue menschliche Körper trug in sich viele neue Erfahrungen, welche ihr als Seele auf diesem Planeten nie gemacht hattet zuvor: gefressen werden, verhungern, sich verteidigen, töten, um überleben zu können, um nur ein paar davon zu nennen. Diese Erfahrungen wurden Teil eurer neuen Realität und eures neuen Bewusstseins. Euer Körper hat die Aufgabe, euch zu erden im wahrsten Sinne des Wortes. Er nimmt eure Seelenenergie auf, trägt sie und macht sie damit zu einem Teil der Erde. Der neue menschliche Körper ist also der Adapter, welcher notwendig war, damit ihr wieder hierher kommen konntet. Die Menschheit selber hat an diesem Prozess aus der geistigen Welt heraus mitgearbeitet in der

«Zeit» nach dem Ende von Atlantis, bis man sich wiederum verkörpern konnte.

Der Mensch als Wesenheit stammt also nicht vom Tier ab, aber seine neue Körperlichkeit ist durch das Tierreich hervorgebracht worden. Es ist dies ein großes kosmisches Mysterium, dem man sich immer mal wieder in einer Meditation zuwenden sollte. Es hilft dies, unseren Körper besser zu verstehen, und ermöglicht ihm, sein eigenes Bewusstsein besser einzusetzen und zu entfalten. Aus diesem Zusammenhang entstand das Bild, dass der Mensch die Krone der Schöpfung sei. Wir würden es gerne etwas anders formulieren: Der heutige menschliche Körper ist ein Resultat, auf das man hingearbeitet hat. Und wenn sich der Mensch eine Krone aufsetzen will, ist es wichtig zu verstehen, dass eine Krone zu tragen in erster Linie dienen heißt. Wer wahrhaftig herrschen will, muss dienen können.

«Wenn sich der Mensch eine Krone aufsetzen will, ist es wichtig zu verstehen, dass eine Krone zu tragen in erster Linie dienen heißt. Wer wahrhaftig herrschen will, muss dienen können.»

Nur über das tiefe Verständnis eurer Position innerhalb der ganzen biologischen Evolution auf diesem Planeten könnt ihr euer Glück und eure Verantwortung vollumfänglich erfassen. Es war ein gigantisches Unterfangen, euch einen neuen Körper herzustellen. Alle Spezies, welche sich daran beteiligt haben, waren überglücklich. Denn ein Mitwirken am Schulungsprojekt Erde stellt für alle eine hoch exklusive Entwicklungsmöglichkeit dar.

Hinter jeder Spezies, die sich je entwickelte und die heute existiert, steht eine sogenannte Gruppenseele. Dies im Gegensatz zu den Menschen, bei denen es sich um Individualseelen handelt. Gruppenseelen und Individualseelen sind Seelenenergien auf unterschiedlichen Entwicklungsstufen, was in keiner Weise wertend zu verstehen ist. Jede Individualseele hat die Stufe der Gruppenseele durchlaufen, in einem sehr weit zurückliegenden Abschnitt ihrer Entwicklung. Worin liegt der Unterschied? Bei einer Gruppenseele handelt jedes einzelne Wesen für einen Pool an Erfahrungen. Alle von den einzelnen Exemplaren einer Spezies gemachten Erfahrungen werden in einem Topf gesammelt – oder in einer Cloud, wie man heute sagen würde. Dies bringt riesige Vorteile: Jedes einzelne Mitglied der Spezies kann auf alle Erfahrungen der anderen zugreifen. Auf diese Art kann das Tierreich zum Beispiel koordinierte Aktionen durchführen, wie sie dem Menschen nicht mehr, respektive noch nicht wieder möglich sind.

Dieses Schwarm-Bewusstsein stößt aber an einem Punkt in seiner Entwicklung an seine Grenzen und will erweitert werden. So entwickelt sich jedes Bewusstsein von der Erfahrung der Gruppenseele in die Erfahrung der Individualseele. Diese beiden Stufen bilden nur einen kleinen Ausschnitt aus dem Verlauf der Entwicklung von Bewusstsein. Die Abläufe finden in, nach menschlichem Betrachten, nicht vorstellbaren Zyklen statt. Um genauer darauf einzugehen, müssten wir uns mit den Entwicklungsperioden von Universen beschäftigen, was den Rahmen dieser Abhandlung bei weitem sprengen würde. Wenn ich mich in diesem Universum als Individualseele verkörpere, werde ich erst in einem nächsten Universum in meine nächsthöhere Stufe kommen, ebenso als Gruppenseele. Universen setzen eine jeweils festgelegte Ordnung oder ein Konzept um innerhalb des Kosmos, welcher diese alle beinhaltet. Deshalb ist auch der Begriff «Kosmos» (nach dem Altgriechischen «kosmein»: ordnen, schmücken) sehr treffend.

Die Betrachtung des Tierreiches hat für den Menschen etwas Heilsames, da wir immer noch leiden an der Erfahrung, uns als abgetrennt von der ganzen Gemeinschaft zu erleben. Es ist dies Teil unserer Entwicklung, dieses Gefühl der Begrenztheit durch Erweiterung unseres Bewusstseins aufzulösen. Es ist der Spezies Mensch zum Beispiel möglich, wieder in eine vollkommen neue Form des kollektiven Bewusstseins zu kommen, sodass wir alle in der Lage wären, von den Erfahrungen der anderen zu profitieren. Dies würde die Menschheitsentwicklung gewaltig beschleunigen. Doch wie gelangen wir in dieses neue Bewusstsein? Indem wir uns in Meditation bewusst machen, dass wir die Erfahrung und Fähigkeit in unserer Seele tragen, gemeinsam unsere Erfahrungen mit anderen in einem großen Pool zu teilen und - dass wir nicht wirklich abgetrennt sind voneinander, wie wir dies zu denken geneigt sind.

«Die Betrachtung des Tierreiches hat für den Menschen etwas Heilsames, da wir immer noch leiden an der Erfahrung, uns als abgetrennt von der ganzen Gemeinschaft zu erleben.»

So wie die Gruppenseele das Konzept von «Wir tun alles gemeinsam» ab einem bestimmten Punkt auflösen muss, um sich weiterentwickeln zu können, so muss sich die Individualseele ab einem bestimmten Punkt wieder in das Bewusstsein hineingeben, dass – auch wenn ich individuell handle – alles Handeln miteinander verbunden ist. Es geht zunächst nur um die Aktivierung dieses Bewusstseins. Dieser scheinbar kleine Unterschied in der inneren Haltung wird der erste Schritt zu einem riesigen Sprung sein in der menschlichen Evolution.

Nun hat uns die Frage, die diesem Kapitel voransteht, auf eine sehr weite Reise geschickt. Aber immer noch befinden wir uns auf dem Planeten Erde in einer «Zwischensituation»: Die Menschheit hat den Auftrag, die Schwingungsveränderung des Planeten in eine dichtere Frequenz wieder rückgängig zu machen, damit die Erde wieder in feinere Gefilde aufsteigen kann. Die neue, dichte Schwingung gab und gibt die Erde zu unserem Schulungszweck vor und über den menschlichen Körper sind wir damit verbunden. In diesem Körper stecken viele Prinzipien, welche für die dichte Schwingung stehen, die wir hinter uns lassen wollen. Wir sind also wie ein Entfesselungskünstler in einer Situation, aus der wir uns selbst befreien müssen. Wie wir dies genau am besten tun, wird dann Bestandteil des nächsten Kapitels sein. Alte Paradigmen und Erfahrungen, wie «Ich muss kämpfen für mein Überleben» oder «Ich muss meinen Stamm verteidigen» sind über den physischen Körper sehr stark aufgeladen und präsent. Und je nachdem, an welchem Punkt ich stehe in meiner Seelenentwicklung, werde ich der Information, die ich über meinen Körper erhalte, mehr Gewicht geben als der Information, die ich als Seele mitbringe – und daraus resultieren die unterschiedlichsten Bedürfnisse, wie wir leben wollen. Dass sich die Erde im Moment im Außen in einem noch nicht friedlichen und harmonischen Zustand befindet, hat damit zu tun, dass die große Transformation gerade erst begonnen hat. Es wird sich zeigen, ob sich die Erfahrungen der menschlichen Körper durchsetzen oder die Erfahrungen der menschlichen Seelen.

«Die Menschheit hat den Auftrag, die Schwingungsveränderung des Planeten in eine dichtere Frequenz wieder rückgängig zu machen, damit die Erde wieder in feinere Gefilde aufsteigen kann.»

10 AUFERSTEHUNGSARBEIT

Eine der zentralen Aufgaben der Menschheit auf dem Weg ins Meisterbewusstsein besteht darin, den physischen Körper auf ein höheres Schwingungsniveau hinauf zu transformieren. Es ist wichtig, sich bewusst zu machen, dass es einen fundamentalen Unterschied gibt zwischen euch als Seele und dem Körper, in dem ihr zurzeit haust. Die Seele kommt aus einer sehr hohen Frequenz, sie ist in ihrer Natur hochfrequent, der Körper ist dies nicht. Er ist von Natur aus in einer bestimmten Dichte zu Hause. Für jede Verkörperung haben wir uns eine Familie und einen Körper gewählt, von denen wir wussten, dass sie für unsere nächste Erderfahrung schwingungsmäßig geeignet sein würden.

«Unsere Aufgabe ist es nun, die Evolution über das Anwenden geistiger Prinzipien weiterzuführen und auf diese Weise den Körper in einer höheren Schwingung auferstehen zu lassen.»

Was jetzt jedoch in immer größerem Maße geschieht, ist eine nie dagewesene Revolution in der Entwicklung der Menschheit. Unsere Aufgabe ist es nun, die Evolution über das Anwenden geistiger Prinzipien weiterzuführen und den Körper auf diese Weise in einer höheren Schwingung auferstehen zu lassen. Wie dies genau vor sich geht und was dabei geschieht, werden wir in diesem Kapitel genauer betrachten. Wenn wir einen Blick auf den menschlichen Energie-Körper zum Ende von Atlantis werfen, so stellen wir fest, dass das, was heute die obere Hälfte des Solarplexus ausmacht, damals das unterste

Chakra des Menschen ausmachte. Und das Thema, das wir in diesem Schwingungsbereich vorfinden, lautet: «Welche Erfahrungen mache ich über mein eigenes Handeln im Außen?» Nun müssen wir uns vorstellen, dass diese Erfahrung in Atlantis vollkommen anders war als heute. In den ersten drei Abschnitten der Erdentwicklung – bis und mit Lemuria – waren diese Erfahrungen im Außen viel weniger «aktiv« und nicht zu vergleichen mit dem Erleben im heutigen Sinne. Es übersteigt der Zugang zu diesen Inhalten unser heutiges Denken. Doch wenn wir unseren Kopf mit einem Bild füttern möchten, so könnte man sagen, dass wir in anderen Entwicklungsabschnitten von Gaia bewusster mit der Erde und auch miteinander verwoben waren als heute. Wir handelten stärker über unser Innen. Die atlantische Erfahrung führte uns in eine für uns damals neue Form von Handeln im Außen. Dies war für uns alle unfassbar aufregend: Dinge tun im Außen! Das war vielleicht das Aufregendste, was wir je erlebt hatten, weil es einfach vollkommen neu war … Wir tappten zu Beginn der atlantischen Ära zuerst etwas im Dunkeln. Doch als wir den Dreh mal raus hatten, waren unsere Begeisterung und Entfaltungslust kaum zu bremsen.

«Wenn ich hier auf der Erde sein will, muss ich mich über das unterste Chakra mit der Erde verbinden. Die Information im Basis-Chakra lautet dann zunächst ganz einfach ‚Ich bin da‘.»

Zum ersten Mal fühlten wir unsere Schöpferkraft, die damals viel, viel feiner war als heute. Aber im Vergleich mit unserem Ursprung, also woher wir kommen, war die Energie in Atlantis unendlich viel stofflicher. Wir erfuhren damals, wie es ist, etwas im Außen zu verursachen oder

stofflich zu erschaffen, das anschließend, scheinbar losgelöst von uns, existierte. Aber eben: nur scheinbar. Denn
ihr erinnert euch … Tja, und darüber sind wir dann auch
gestolpert!

Nun wissen wir ja, dass der menschliche Körper in
seiner heutigen Form über weitere Chakren nach unten
verfügt: den (vollständigen) Solarplexus, das Sakral- und
das Basis-Chakra. Vielleicht sollten wir, bevor wir weiter-
fahren, kurz die ganz grundlegenden Inhalte dieser drei
untersten Chakren besprechen: Das Basis-Chakra funktioniert wie ein Druckknopf, über den wir an den Leib
der Erde – von dem wir als Mensch ein Teil sind – ange-
heftet werden. Wenn ich hier auf der Erde sein will, muss
ich mich über das unterste Chakra mit der Erde verbinden. Die Information im Basis-Chakra lautet dann
zunächst ganz einfach «Ich bin da». Es ist immer wieder
gut, sich bewusst zu machen, dass alle Menschen, die sich
auf der Erde aufhalten, in diesem ersten Chakra die
Information tragen: «Ich bin da». Dies gilt auch für das
Tierreich. Es liegt eine unendliche Kraft darin, dass wir
alle, aber auch wirklich alle, über diese identische Information verbunden sind. Falls der Verstand sich gegen
diese Information wehren möchte, dann macht es bitte
wie die Erde: Nehmt einfach alle an.

*«Viele Erfahrungen von Mühsal, Kampf und Not sind
im zweiten Chakra immer noch präsent und bedürfen
der liebevollen Transformation.»*

Die Grundinformation des zweiten Chakras lautet:
«Ich bin hier, habe eine bestimmte Zeit gelebt und Leben
weitergegeben». Und nun merken wir auch gleich, was
für hochkomplexe und vielschichtige Informationszen-

95

tren unsere Chakren sind. Vor allem die mehr körperbezogenen unteren Chakren beinhalten nicht nur die persönliche Erfahrung, sondern auch diejenige sehr vieler anderer Individuen, die beim Aufbau des Körpers mitgearbeitet haben. Grundsätzlich können wir sagen, dass die unteren Chakren mehr Informationen aus dem Körper beinhalten als die oberen.

Um das System und die Datenstruktur besser zu verstehen, müssen wir ein Gedankenspiel zu Hilfe nehmen: Stellt euch vor, eine Seele verkörpert sich zum ersten Mal in einem menschlichen Körper. Die Information in seinem Basis-Chakra wird demnach «Ich bin da» sein. Wenn sich dieselbe Seele jetzt immer wieder und immer wieder verkörpert, wird die Seele eine Erfahrung produzieren: «Wie war dieses In-den-Körper-Kommen und Mich-Anheften an die Erde als Gesamterfahrung meiner bisherigen Verkörperungen?». Ich habe also in der nächsten Ebene des Chakras eine Zusatz-Information, die einfließt aus der Seelenerfahrung. Doch damit ist noch nicht Schluss: Der Körper, in den ich mich hineinbegeben habe, hat vorher nicht existiert. Aber er ist aufgebaut worden aus der genealogischen Linie der Körper von Mutter und Vater und ihren Vorfahren, und sie geben mir zusätzlich einen bunten Informationsmix in meinen Körper mit. Um möglichst einfach und übersichtlich zu bleiben, wollen wir drei Ebenen unterscheiden:

1. Die individuellen Erfahrungen, die ich über diesen Körper mache.
2. Die vorangegangenen Erfahrungen meiner Seele.
3. Die Erfahrung meiner biologischen Vorfahren.

Wenn wir uns diese Zusammenhänge im Sakral-Chakra, dem zweiten Chakra, zu vergegenwärtigen versuchen, wird uns sogleich bewusst, dass unser Verstand mit der Komplexität der Informationen kaum mehr klar kommt. Lasst uns ein Beispiel anschauen: Ein menschliches Wesen – ganz egal ob es sich in dieser Verkörperung fortgepflanzt hat oder nicht – trägt in seinem zweiten Chakra die gesammelte «Fortpflanzungsgeschichte» seiner Familie. Außerdem lässt die Seele sämtliche für diese Verkörperung relevante Information aus früheren Erderfahrungen aus dem Bereich «Ich gebe Leben weiter» in das entsprechende Chakra einfließen.

Das zweite Chakra ist ein hochkomplexer Ort, da es sehr, sehr viel Informationen des überpersönlichen Entwicklungsweges der Spezies Mensch beinhaltet. Viele Erfahrungen von Mühsal, Kampf und Not sind in diesem Energiezentrum immer noch präsent und bedürfen der liebevollen Transformation. Dazu jedoch etwas später mehr.

Beim dritten Chakra, dem Solarplexus, müssen wir uns bewusst sein, dass der Solarplexus sowohl eine Familienchronik des menschlichen Körpers in sich trägt als auch eine Aufzeichnung darüber, welche Erfahrung ich als Seele über meinen gesamten Verkörperungsweg mit diesem Thema gemacht habe. Diese beiden Datensätze mögen sich manchmal für unser Gefühl aneinander reiben. Genau diese Reibung ist es aber, die wir gesucht haben, um noch schmerzhafte Teile unseres Seelenweges transformieren zu können. Im bevorstehenden Entwicklungsschritt der Menschheit, der ein zentraler Bestandteil des Meisterbewusstseins ist, gilt es, die leidvollen Erfahrungen, die in unseren tieferen Chakren gespeichert sind, umzuwandeln. Dies ist nötig, um dem Körper einen Aufstieg in eine höhere Schwingung zu ermöglichen.

Wie geht es unseren menschlichen Körpern mit der sich stetig erhöhenden Frequenz der neuen Dimension? Nun, lasst es mich so sagen: Es ist nicht ganz einfach für sie, da sie nicht so genau verstehen, wo die Reise hingeht. Wie sollten sie auch! Sind sie doch vollkommen irdisch, im Gegensatz zu unseren vollkommen außerirdischen Seelen. Wir haben also die Aufgabe, unseren irdischen Körper hinaufzuführen in eine neue Frequenz.

«Wir sind aufgrund der neuen Frequenz ständig mit dem Höheren Selbst verbunden. Und wir werden fortlaufend mit Updates beliefert von oben.»

Wenn wir dies erfolgreich bewerkstelligt haben, freut sich die Erde und wird die Gesamtschwingung nochmals anpassen. Es ist nicht so, dass die Erde dies nicht ohne uns könnte. Es geht vielmehr darum, dass sie uns als vertrauensvolle Lehrerin machen lässt und uns «beobachtet». Wir haben die Aufgabe, selbst herauszufinden, wie es geht. Denn wir sollen in diesem Prozess nicht folgen, sondern führen. Darin besteht die Aufgabe. Im gegenwärtigen fünften Entwicklungsabschnitt der Erde (demjenigen, der auf den atlantischen folgte) bin ich bisher jeweils mit einem bestimmten Datensatz an Informationen aus meiner Seele in meinen mir bestimmten menschlichen Körper eingetaucht. Mit diesem Datenpaket habe ich über die ganze folgende Verkörperung hinweg gearbeitet.

In der neuen Dimension, in die wir aufsteigen, ist dies nun nicht mehr so. Wir sind aufgrund der neuen Frequenz ständig mit dem Kern unserer Seele, dem Höheren Selbst, verbunden. Und wir werden fortlaufend mit Updates beliefert von oben. (Beachtet dazu bitte die Analogien, die ihr in eurer heutigen Technologie vorfindet. Nicht nur eure Handys, Tablets und andere Gadgets werden stetig durch Updates aktualisiert und personalisiert, sondern vor allem ihr selbst! Es sind diese Zusammenhänge alles andere als zufällig …). Es ist dies ein außerordentlich aufregender und hochinteressanter Prozess, im Rahmen dessen die Menschheit viel stärker in einen neuen Abschnitt ihrer Evolution hineinschreitet, als ihr euch zurzeit dessen bewusst seid. Ihr habt das Gefühl, dass jeder von euch nur winzig kleine Schritte unternimmt. Aber lasst euch sagen, wenn man es von oben betrachtet, seid ihr als Menschheit gerade dabei, ein Bein zu einem großen Schritt anzuheben. Die Art und Weise, wie wir unser gegenwärtiges Leben führen, fungiert wie ein Joystick, über den wir das Mischungsverhältnis der beiden Datenströme gewichten. Erschauert bitte angesichts der Schönheit dieses wahrhaftig gewaltigen kosmischen Prozesses: Eure jetzige Verkörperung ist dazu da, damit ihr eine neue Bewusstseinsstufe erreicht. Bildlich gesprochen, geht es darum, nicht nur dieses Leben als eine Perle wahrzunehmen. Jetzt ist die Möglichkeit da, ein Bewusstsein für die gesamte Perlenkette zu erlangen – ein Bewusstsein für euren gesamten Erdenweg - mit allen Inkarnationen. Gleichzeitig transformiert ihr eure Körpcr samt ihrer Entstehungswege. Dies ist in der Tat etwas ganz Einzigartiges und eine eurer zentralen Aufgaben unterwegs ins Meisterbewusstsein.

«Ich ‚verdiene' meine Fahrkarte ins Meisterbewusstsein dadurch, dass ich diesen Körper liebevoll kläre und transformiere.»

Im Juli 2017 wurde es zum ersten Mal möglich, über die damals erreichte planetarische Schwingung einen

Zugang herzustellen zu einem ganz bemerkenswerten Energiefeld in der geistigen Welt: dem überpersönlichen Datenfeld des Körpers. Wir vergegenwärtigen uns kurz etwas ganz Wundervolles: Jeder menschliche Körper, der heute existiert oder der je existiert hatte, ist ein einmaliges Kunstwerk, welches über eine einzigartige Kombination von vorangegangenen Körpern zustande kam.

Jeder von uns ist ein einmaliger Mix. Die Linie der Körper, die unserem heutigen vorangeht, lässt sich über die Genealogie ganz weit zurückverfolgen. Es ist dies eine kostbare Perlenkette, über das Menschliche hinaus zurück ins Tierreich. (Auch Brüder und Schwestern, die zwar ihre Körper aus derselben Familien erhalten haben, unterscheiden sich doch durch die Mischung. Es mögen genau dieselben Zutaten sein, aber die Art und Weise, wie sie gemischt wurden, macht allen Zauber der Unterschiede aus.) Über diese Entwicklung der Körper gibt es im Geistigen eine exakte Aufzeichnung. Man könnte sagen, dass das Universum alles präzise mitgeschrieben hat. Und in dieser Bibliothek ist die Geschichte festgehalten, wie es zu jedem dieser Körper kam.

Wenn ich nun meinen Körper in eine höhere Frequenz steuern will, gehe ich seit besagtem Juli 2017 automatisch in Kontakt mit diesem File. Dieser Kontakt wird von einer bestimmten Frequenz des Bewusstseins automatisch getriggert und der Aufstiegsprozess in eine höhere Frequenz aktiviert sich. Dieser kosmische Datensatz gibt mir genau Auskunft, was in meinem physischen Körper und seiner Geschichte aufgelöst werden möchte, um aufsteigen zu können. Ich «verdiene» meine Fahrkarte ins Meisterbewusstsein also dadurch, dass ich diesen Körper liebevoll kläre und transformiere. Und da wir uns hier wieder einmal auf einer Ebene weit, weit weg von unserem Verstand bewegen, bietet es sich an, mit einem Bild zu sprechen: Stellt euch vor, ihr habt ein Haus geerbt, das bis zum Dachboden angefüllt ist mit Sachen. Absolut wunderbare Dinge, von denen ihr einfach vollständig begeistert und bezaubert seid. Dann gibt es in diesem Haus aber auch Krempel und Dinge, auf die ihr wirklich gar keine Lust habt.

«Indem wir überpersönliche Erfahrungen heilen, gibt uns dies die Möglichkeit, mehr ‚reine Seele‘ zu sein in unserem Körper und weniger seine Vergangenheit.»

Nun könnt ihr auf verschiedene Arten vorgehen: Ihr übernehmt das Haus, so wie es ist. Das macht nicht so viel Mühe, wie wenn man alles durch die Finger gehen lässt und genau anschaut, ob man es weiter in seinem Leben haben möchte.

Die Kehrseite davon ist: Man umgibt sich mit Dingen, die vielleicht nicht wirklich zu einem gehören. Oder aber ich sage: Ich möchte diesem Erbe den maximalen Respekt erweisen, indem ich es ganz bewusst annehme. Ich schaue mir in diesem Fall alles in Ruhe an, sortiere aus, was nicht in Resonanz mit mir ist, verschenke es oder schmeiße es weg (Ja, das dürfen wir, alte Sachen einfach wegschmeißen!). Indem ich eine Erfahrung loslasse, erweise ich ihr viel mehr Respekt, als wenn ich sie aus einer Art «Pflichtgefühl» halte oder nicht genau hinschauen möchte.

Und wie räume ich nun das geerbte Haus auf? Folgendermaßen: indem ich einfach in mich hineinhorche und meine Gefühle beobachte, ohne sie zu analysieren. Sie dürfen einfach da sein. Und darüber werde ich mich täglich mehr finden und neu entdecken. In unseren Körpern ist ein ganz neuer Prozess im Gange: die Energie der Seele, die zum Körper sagt: «Schatz, es ist an der Zeit, dass dieses schöne Haus nun ganz mein Tempel wird». Die Seele möchte liebevoll diesen Körper so anpassen, dass er unserer Entfaltung in dieser Dimension ganz dient und so dem menschlichen Körper eine neue Dimension zeigen , eine Luft, die er noch nie geschnuppert hat. Im Rahmen dieser Vorgänge fließt aus dem überpersönlichen Datenfeld unseres Körpers zu Transformierendes in unser System und wir sind gebeten, dieses zu sortieren.

«Das Aufräumen im Überpersönlichen ermächtigt uns auf Seelenebene ganz wundersam. Es gibt auf dieser Ebene keine Subjekt-Objekt-Unterteilung mehr. Was ich für jemand anderen tue, tue ich für mich. Und umgekehrt»

Indem wir also überpersönliche Erfahrungen heilen, gibt uns dies die Möglichkeit, mehr «reine Seele» zu sein in unserem Körper und weniger die Vergangenheit, welche in uns auf stofflicher Ebene wiedergegeben wird. Die Tatsache, dass wir jetzt auch im Überpersönlichen aufräumen dürfen, ermächtigt uns auf Seelenebene auf ganz wundersame Weise. Wir bezeugen damit unserem menschlichen Körper die Liebe, die Achtung und den Respekt, den er verdient. Es gibt auf dieser Ebene keine Subjekt-Objekt-Unterteilung mehr. Was ich für jemand anderen tue, tue ich für mich. Und umgekehrt. Ist es nicht faszinierend, dass wir in der Lage sind, unsere eigene Geschichte geistig zu transformieren und zu klären? Diese Dinge geschehen tagtäglich, sie erscheinen nicht in den Medien, sie produzieren keine Schlagzeilen. Aber sie sind real und sehr mächtig, da sie in einer sehr hohen Frequenz stattfinden im Gegensatz zu allen Scheußlichkeiten, die noch immer um euch herum passieren. Wichtig ist, sich bewusst zu sein, dass alles, das «Noch-nicht-Licht» ist, gerne dort bleiben möchte, wo es ist, und sich keine Veränderung wünscht. Deshalb wird es alles tun, um euch auf eine «Noch-nicht-Licht»-Frequenz zu ziehen. Geht einfach nicht darauf ein, seid euch bewusst, dass ihr Licht seid. Es kann euch niemand daran hindern, wahnsinnig lichtvoll zu sein. Es gibt nur ein Wesen, dass dies verhindern kann, ihr selber! Deshalb gilt es immer, die «Noch-Nicht-Licht»-Frequenz, die euch in der Tat aus noch Vielem entgegenspringt, einfach sein zu lassen – sie nicht zu kommentieren und nicht zu beurteilen. Einfach wahrnehmen, stehenlassen und selber LICHT sein! Gönnt euch diesen Luxus, er ist eure wahre Natur!

«Es kann euch niemand im Außen daran hindern, wahnsinnig lichtvoll zu sein. Es gibt nur ein Wesen, dass dies verhindern kann, ihr selber!»

Viele von euch werden den Wunsch haben, diesen Transformationsprozess mit dem überpersönlichen Datenfeld eures Körpers zu intensivieren und bewusst fortzuführen. Gerne geben wir dazu eine Anleitung. Wichtig zu verstehen ist, dass der Zugangscode für die Kommunikation mit diesem Frequenzbereich Demut und Freude sind. Ich kann mich in diesen Transformationsprozess jederzeit ganz absichtslos in Freude und Demut einstimmen und mir Folgendes vergegenwärtigen: «Ich bin mir bewusst, dass mein Körper einen einmaligen Weg durch die Biologie darstellt. Ich ehre diesen Weg und sende Dankbarkeit und Liebe an alle Beteiligten zurück bis in die erste Zelle. Ich bedanke mich dafür, Teil dieser Erfahrung zu sein. Ich sende Liebe in das überpersönliche Datenfeld meines Körpers.» Es ist dann so, dass ein Scheinwerfer angeht und Licht auf den ganzen genealogischen Weg, der zu eurem Körper geführt hat, fällt. Diese «Übung» kann keine Arbeit beinhalten, sie funktioniert über das Prinzip der Erlösung. Ihr müsst euch nicht anstrengen, nicht arbeiten dafür. Und lange dauern muss es auch nicht.

Wir befinden uns hier in einem so hohen Schwingungsbereich, die Dauer spielt kaum eine Rolle. Vielmehr ist unsere Haltung dem Prozess gegenüber entscheidend, die Freude, sich bewusst einzuklinken. Es ist ein neues Bewusstsein, welches uns einfach begleitet im Alltag. Es soll leicht und schön sein, denn dies ist die neue Realität, die wir erschaffen wollen. Ihr seid die Erlöser eurer Körper und derjenigen Körper davor. Und genau aus diesem Grund wird Christus als der Erlöser bezeichnet und mit dem Auferstehungsprinzip in Verbindung gebracht. Er hat, als unvorstellbar mächtiges Lichtwesen, dem Planeten aus der Patsche geholfen, als es einmal fast wirklich schiefzugehen drohte, indem er die Frequenz der ganzen Dimension nach oben korrigierte. Und genau nach demselben Prinzip erfüllt ihr nun mit eurem Bewusstsein diese Aufgabe: Ihr führt eine Schwingungsveränderung durch am menschlichen Körper, so wie Christus die Frequenz der ganze Erde angehoben hat, damit sie ihren Weg weitergehen konnte. Er hat es vorgemacht und jetzt sind wir selber dran. Jeder von euch ist ein Erlöser, getraut euch!

«Es soll leicht und schön sein, denn dies ist die neue Realität, die wir erschaffen wollen. Ihr seid die Erlöser eurer Körper und derjenigen Körper davor.»

11 EINE MENSCHHEIT

Und so, wie wir uns als Individuum nur selber aus alten Zwängen befreien können, so können wir dies auch als Spezies Mensch nur selber bewerkstelligen. Niemand anderes tut dies für uns, da die hohen Geistwesen, die über uns wachen, es nicht erlauben würden, dass uns jemand unsere Lern-Chance zunichte macht. Doch wie nehmen wir das Ganze am besten in die Hand? Folgendes ist von sehr hoher Wichtigkeit: Es gilt zu verstehen, dass wir als Menschheit vor neuen Herausforderungen stehen und sich diese neuen Herausforderungen nicht mit alten Mitteln bewältigen lassen, da wir uns sonst im Kreise bewegten und uns nicht entwickeln würden.

«Wir sind alle miteinander verbunden über den Umstand, dass jeder menschliche Körper ein Teil der Erde ist und wir somit nicht getrennt voneinander existieren.»

Ein ganz prägendes altes Prinzip, das die Menschheit noch an Altes bindet, ist der «verletzte Solarplexus». Der «verletzte Solarplexus» bedeutet, dass wir als Seelen und vor allem die Körper, in welchen wir hausen, die schwierige Erfahrung hinter sich haben, dass sie sich in der Vergangenheit in der Regel nicht in Freiheit und Liebe entfalten konnten. Sie fanden sich in verschiedenen Situationen wieder, in denen sie gefangen waren in Begrenzung und Widerstand und gezwungen waren, zu kämpfen, um zu überleben. Im kollektiven Solarplexus der Menschheit steht darum noch immer in riesigen Lettern der Satz «Ich muss kämpfen, um zu überleben».

Wenn ich von dieser Idee des Kampfes ausgehe, dann werde ich nie in die Ruhe und den Frieden kommen. Ich werde stetig Kampf und Unruhe weitergeben und nähren. Der Krieg geht so lange weiter, bis ihn jemand beendet. Und in unseren Körpern steckt eine tiefe, uralte Angst, diesen Krieg zu beenden, da wir dabei für einen Moment schutzlos werden. «Was ist, wenn ich das Feuer einstelle, der Gegner aber weiter schießt?» Dies ist ein klassisches Beispiel, an dem wir lernen können, wie uns alte Ängste kontrollieren und wie sie nicht möchten, dass wir uns entwickeln. Es können folgenden Dinge geschehen:

1. Ich stelle den Kampf ein, der Gegner schießt weiter und ich wechsle auf eine andere Ebene.
2. Ich stelle den Kampf ein, der Gegner tut dies auch. Er ist dankbar, dass ich den Mut hatte, den ersten Schritt zu machen, und wir kommen beide auf eine andere Ebene.
3. Ich habe Angst, den Kampf einzustellen, und ich lasse meine Kräfte ganz dem alten Drama zukommen. Es bleibt alles, wie es war.

Wenn wir uns als Menschheit diesen Problemen stellen wollen – und es ist dies nur über das ihr innewohnende kollektive Bewusstsein möglich –, so dürfen wir dabei auf folgende Tatsachen zählen: Wir sind alle miteinander verbunden über den Umstand, dass jeder menschliche Körper ein Teil der Erde ist und wir somit nicht getrennt voneinander existieren, sondern als Einheit und Gemeinschaft über unsere irdischen Körper. Die Erde verbindet auf diese Art alle Seelen, die sie aufnimmt. Nicht nur über den stofflichen irdischen Körper sind wir verbunden, sondern auch über unsere Energiekörper. Unsere Chakren sind Glieder einer Kette: Alle Chakren innerhalb ihrer Ordnung – das heißt, alle ersten, zweiten, dritten, vierten und so weiter – sind energetisch miteinander verknüpft – ähnlich den Gruppenseelen der Tierwelt. Auf diese Weise können sie Erfahrungen austauschen und übermitteln, sofern dies der freie Wille des jeweiligen Individuums erlaubt. Man kann sagen, dass die Menschheit einen kollektiven Körper hat, der auf stofflicher Ebene aus der Summe aller menschlichen Körper besteht und auf feinstofflicher Ebene aus der Summe aller Energie-Körper. Wir existieren also nicht abgetrennt voneinander, es ist dies lediglich eine Illusion, die wir durchwandern im Rahmen unserer Entwicklung. Selbstverständlich besitzen wir alle ein individuelles Bewusstsein. Dies heißt aber nicht, dass wir losgelöst voneinander existieren und alleine sind. Wir sind alle Individuen und gleichzeitig eins. Dies ist nur für unseren Kopf ein Widerspruch, unsere innere Weisheit wird uns aber diesen Umstand bestätigen.

«Der Dienst an der Menschheit besteht zunächst einmal darin, mich selber in all meinen Facetten anzunehmen, ohne mich selber zu beurteilen, geschweige denn zu verurteilen.»

Oft leiden wir daran, dass wir denken: «Was kann ich als einzelne Person schon tun?» Und genau an diesem Punkt treffen wir auf unsere Eigenmacht und unsere Selbstliebe, welche sich entfachen und das ganze und große Projekt «Menschheit» unterstützen möchten. Indem ich ganz in meine Eigenverantwortung gehe und immer mehr eintauche in die liebevolle Verwirklichung meiner selbst, unterstütze ich die ganze Menschheit. Je mehr liebevolle Klarheit ich mir selber zukommen lasse, desto stärker werde ich als Glied in dieser gigantischen

Kette und unterstütze somit das große Ganze. Der Dienst an der Menschheit besteht also zunächst einmal darin, mich selber in all meinen Facetten anzunehmen, ohne mich selber zu beurteilen, geschweige denn zu verurteilen.

Wir alle kennen das, dass uns das Leben manchmal vor Situationen stellt, die wir uns alles andere als gewünscht haben. Und doch führt uns kein Weg daran vorbei. Unser Denken erzeugt bestimmte Vorstellungen davon, wie unser Leben «zu sein hat», damit es «gut» ist, damit es «richtig» läuft. Diese Form von Beurteilung ist jedoch die Quelle von vielfältigem Leid. Je mehr wir unserem Leben erlauben, in seinen natürlichen Fluss zu kommen, desto besser geht es uns. Und genau so verhält es sich mit der Menschheit als Ganzes.

Wir sind viel zu sehr gesteuert von falschen Vorstellungen, welche uns auf abwegigen Straßen immer weiter von unseren menschlichen Urbedürfnissen wegbringen. Und unser Urbedürfnis ist es, unser Menschsein in Liebe zu teilen. Genau deshalb sind wir hier. All die Dinge wie Besitz, Ansehen und Erfolg sind in keiner Weise urmenschliche Bedürfnisse. Wir haben uns dies bloß im Laufe der Jahrhunderte einreden lassen und wurden dadurch sehr leicht steuer- und manipulierbar. Wenn wir diesen Planeten und unser Menschsein in eine glückliche, erfüllte und vor allem angstfreie Form transformieren wollen, dann geht es darum, ganz unsere wahren Bedürfnisse anzunehmen und nicht weiter wie Sklaven unsere Energie in Konzepte fließen zu lassen, aus denen uns nichts Freudiges erblüht.

«Wenn wir diesen Planeten und unser Menschsein in eine glückliche, erfüllte und vor allem angstfreie Form transformieren wollen, dann geht es darum, ganz unsere wahren Bedürfnisse anzunehmen.»

Unsere Welt befindet sich in einem Zustand der intensivsten Transformation und viele Kräfte sind hier auf Erden präsent, welche nicht möchten, dass wir uns als Ganzes weiter hinauf ins Licht entwickeln. In höchster Verzweiflung finden sie immer neue Wege, alte Formen von Angst einzuspielen, damit wir unserem Hamsterkäfig ja nicht entfliehen und weiterhin brav in unserem Rad Runden drehen, um Energie und Nahrung für sie zu produzieren. Was diese Kräfte nährt, sind genau diese Prinzipien der Angst, welche uns schwächen. Und da wir uns in einem Universum des freien Willens aufhalten, geht dieses Spiel so lange weiter, bis wir aus uns selber heraus uns die Freiheit schenken, unsere Kraft für uns – für die Menschheit – einzusetzen. Einzig und alleine unsere Entscheidung bewirkt diese Veränderung. Achtet auch darauf, wie sehr man im Außen euch nahebringen will, wie unterschiedlich ihr doch seid. Man teilt euch alle in Randgruppen und Minderheiten auf und drängt euch unter dem Deckmantel der Fürsorge in ein Opferbewusstsein, welches nichts im Geringsten mit Mitgefühl zu tun hat.

Macht euch Folgendes bewusst: Ihr seid alle einzigartige Seelen, welche einen hochdifferenzierten Weg gehen. Ihr erfüllt euren Seelenauftrag dadurch, dass ihr eure Einzigartigkeit annehmt und lebt. In eurem menschlichen Aspekt könnt ihr dazu zusätzlich die wunderbare Erfahrung machen, dass ihr als Gesamtheit von einzigartigen Wesen eins seid, eine Menschheit! Es gilt, euch von der alten Angst, dass ihr euch voreinander fürchten müsst, da ihr unterschiedlich seid, zu reinigen. Ihr müsstet euch eher davor fürchten, alle identisch zu sein. Dies wäre in der Tat die Hölle.

Karlheinz Stockhausen sagte zu Recht, dass Uniformität zu oft mit Universalität verwechselt wird – und dies stellt wahrhaftig eines der zentralen Probleme der heutigen Zeit dar. Wir lösen die Dinge nicht, indem wir versuchen, alles gleich zu machen. Das alte Drama lösen wir nur auf, wenn wir verstehen, dass wir alle anders sein dürfen, in dem Wissen, dass wir auf menschlicher Ebene verbunden und eins sind.

«Ihr seid alle einzigartige Seelen, welche einen hochdifferenzierten Weg gehen. Ihr erfüllt euren Seelenauftrag dadurch, dass ihr eure Einzigartigkeit annehmt und lebt.»

Diese Erkenntnis umzusetzen, gelingt natürlich nicht über Nacht, sondern es bedarf einer großen Menge an Zeit, Geduld und Achtsamkeit. Es geht dabei darum, nicht gleich das Problem in seiner Gesamtheit zu lösen, sondern einfach einen ersten Schritt zu machen in ein neues Verständnis der menschlichen Interaktion. Man hat euch gesagt, dass ihr Feinde seid, dass ihr euch schützen müsst, weil der Andere ein Gegner ist und euch das nehmen will, was euch gehört. Dies ist nicht eure Realität! Man hat sie euch aufgezwungen, oder man könnte sagen: Man hat euch so lange in ein böses Spiel getrieben, bis ihr euch genau damit identifiziert habt. Doch jetzt ist es Zeit, aus diesem Albtraum aufzuwachen. Es ist «lediglich» ein Traum, es ist nicht eure wirkliche Realität, die ihr auf einer höheren Ebene in euch tragt.

Macht euch dies in eurem Alltag immer bewusst, wenn euch eine Instanz für ihre Zwecke instrumentalisieren möchte. Das deutlichste und krasseste Beispiel dafür ist die Idee der Armee: Der Staat sammelt seine Bürger und lässt sie auf die Bürger eines anderen Staates los, damit sie sich gegenseitig massakrieren. Aber wenn wir die einzelnen Individuen an einen Tisch setzten, dann würden die allermeisten von ihnen eine gemeinsame Ebene finden. Nicht alle mit allen in gleichen Maßen, aber sie würden sich dennoch über ihr gemeinsames Menschsein verbinden. Der Umstand, dass sie sich gegenseitig auf dem Schlachtfeld umbringen, widerspricht ihrer Natur. Sie werden lediglich wie Brennstoff verbrannt, um Energie für eine Maschine zu erzeugen, damit diese am Laufen gehalten werden kann.

Durch Krieg wurde noch nie ein Problem gelöst. Krieg hat immer nur menschliche Wesen «verheizt», um ihre Energie einem anderen Kreislauf zuzuführen. Und das Prinzip der Armee hat eure Existenz auf vielerlei Ebenen durchdrungen, es ist diesbezüglich Achtung geboten. Viele von euch denken, sie würden dem Planeten Gutes tun, indem sie bestimmte Dinge oder Personen bekämpfen. Vorsicht! Ich kann nicht liebevoll etwas erschaffen, wenn ich etwas bekämpfe, es schließt sich dies einfach aus. Wenn ich etwas bekämpfe, dann gebe ich ihm gleichermaßen Energie, wie wenn ich es unterstütze. In diese Fallen tappt ihr alle immer noch sehr leicht hinein und es gilt, eine sehr hohe Achtsamkeit für diese Dinge zu entwickeln.

«Definiert euch nicht über euer Geschlecht, eure Nationalität,
eure Religion oder eure sexuelle Orientierung.
Definiert euch über euer Menschsein!»

Wenn ihr also bei euch die Regung verspürt, etwas bekämpfen zu wollen, dann lasst dieses Gefühl zu – ohne es zu verwirklichen. Es geht darum, die Gefühlsregung zuzulassen, ohne ihr die Macht über euer Handeln zu geben, dies ist ganz wichtig. Jedes Mal, wenn ihr auf diese Art bewusst mit so einer Situation umgeht, löst ihr euch ein Stück aus einem alten Drama, welches euch und der Menschheit als Ganzer sehr viel Energie abgesogen hat. Durch diesen bewussten Umgang mit alten Emotionen werdet ihr frei und mit jedem Mal, bei dem ihr so vorgeht, aus der «Armee» entlassen. So werdet ihr immer freier, selbstbestimmter und dadurch liebevoller handeln. Sowieso gilt es, sich immer mehr in Liebe aus den Dualitäten zu lösen, in denen ihr steckt: Definiert euch nicht über euer Geschlecht, eure Nationalität, eure Religion oder eure sexuelle Orientierung (um nur ein paar der wichtigsten Facetten zu nennen). Definiert euch über euer Menschsein! Je mehr ihr euch definiert über eine Zugehörigkeit – und damit meine ich auch die Zugehörigkeit zu einem Geschlecht – , desto mehr von eurer Energie stellt ihr einem alten Drama zur Verfügung. Ihr seid alle in erster Linie einfach Menschen. Lernt, keine Energie fließen zu lassen auf die Unterschiede, sondern ausschließlich auf die Gemeinsamkeiten. Es mag zu Beginn ungewohnt sein, dies alles loszulassen, aber ihr werdet schon mit ein wenig Üben merken, wie wohltuend es ist, endlich freizukommen aus einer alten Gefangenschaft. Je mehr ihr übt, desto freier werdet ihr euer Leben gestalten und nach und nach immer liebevoller und selbstbestimmter handeln.

Übung
Ich bin ein menschliches Wesen

Dies ist eine äußerst mächtige Meditation, da sie euch über eure alten Konditionierungen erhebt und euch in Liebe ermächtigt.

112

Setzt oder legt euch bequem hin und entspannt euch. Fokussiert eure Energie über euren Atem und zentriert euch darin in eurem Herzen. Visualisiert, wie mit jedem Atemzug immer mehr Goldenes Licht um euch herum entsteht, oder bittet das Goldene Licht um seine Präsenz. Und dann beginnt ihr, alle eure Konditionierungen in Liebe aufzulösen:

- *Vergegenwärtigt euch, welcher Rasse oder welcher Ethnie ihr angehört und löst das Gefühl dieser Zugehörigkeit auf.*
- *Dann taucht ein in eure Staatsangehörigkeit und transzendiert diese. Und dann von dort aus geht es weiter in alle Aspekte, über die ihr euch definiert.*
- *Ganz zum Schluss entledigt ihr euch eures Alters und dann eurer geschlechtlichen Zugehörigkeit.*

Ihr seid dann in eurer menschlichen Essenz angekommen. Das mag sich vielleicht fremd anfühlen, weil ihr jetzt das erste Mal in dieser zukünftigen Form des Menschseins angekommen seid, in einer Frequenz von Liebe und Klarheit, die noch neu ist. Bleibt einfach, ohne zu kommentieren und ohne zu beurteilen, eine Weile in diesem neuen und noch unbekannten Gefühl. Die Wirkung dieser Übung ist nicht zu verstehen, sie ist nur spürbar und es tut gut, sie regelmäßig durchzuführen.

12 DIE GROßE KOSMISCHE ENERGIE

Immer wenn wir umziehen in eine kleinere Wohnung, gibt es Dinge, die wir nicht mit uns nehmen können, die wir zurücklassen müssen im Rahmen unserer Veränderung. Und so ging es uns auch, als wir damals diesen neuen Körper – in dem wir immer noch stecken – als Menschheit das erste Mal bezogen. Unser menschlicher Körper, diese wirklich geniale kosmische Kreation (man kann nicht genug betonen, wie unglaublich schön und auch verrückt es ist, dass dieses Projekt so großartig funktioniert hat) ist eine ausgefuchste High-Tech-Wohnung.

«Unsere sexuelle Kraft, unsere Inspiration, unsere Fähigkeit, zu heilen und zu verwandeln, gehören zusammen. Sie sind unterschiedlicher Ausdruck ein und derselben Energie – der großen kosmischen Energie.»

Aber dieser Körper bietet nicht mehr den Platz, den wir früher einmal hatten am Ende von Atlantis. Und so mussten wir einen Teil von uns zurücklassen. Zum Glück jedoch nicht ganz, dieser Teil von uns kommt immer mal wieder vorbei und verbindet uns mit unserer Herkunft. Es sind dies: unsere sexuelle Kraft, unsere Inspiration, unsere Fähigkeit, zu heilen und zu verwandeln. Ganz genau! Diese Dinge gehören alle zusammen. Sie sind unterschiedlicher Ausdruck ein und derselben Energie, eben der «großen kosmischen Energie», die wir in unserer neuen Behausung nicht ganz unterbringen konnten.

In Bezug auf eure sexuelle Energie herrscht noch immer größte Verwirrung, wie sollte es auch anders sein. Der

Umstand, dass ihr diese Energie einsetzt, um euch biologisch fortzupflanzen, ist eine verwirrende Erfahrung. Wenn wir die menschliche Sexualität besser verstehen wollen, so ist zunächst einmal wichtig, sich zu vergegenwärtigen, dass jeder Mensch aus sich selber heraus ein sexuelles Wesen ist. Ich werde nicht «sexuell» durch ein Gegenüber, durch eine Partnerin oder einen Partner – ich bin es aus mir selber heraus. Jeder Körper verfügt aus sich selbst heraus über die Fähigkeit, in einen Zustand der sexuellen Stimulation oder Erregung zu gehen. Und dieser Zustand bewirkt eine kurzfristige Schwingungsanhebung des Körpers. Der Körper braucht diese Energie in regelmäßigen Abständen, um sich zu erhalten und um sich zu regenerieren. Es geht nicht ohne!

«Wenn jeder aus sich selber heraus über seine Sexualität die Möglichkeit zu einer direkten göttlichen Erfahrung hat, so macht euch dies unglaublich mächtig.»

Nun ist es von ganz fundamentaler Bedeutung, wie wir selber diesem Erregungszustand begegnen, über den sich der Körper auflädt. Schäme ich mich dafür, oder ist es mir unangenehm, weil irgendeine Instanz mir beigebracht hat, dass es ein Makel ist, unanständig oder gar sündig – so verwehre ich meinem Körper seine Nahrung, die er von hoher Ebene direkt beziehen kann und möchte. Das Annehmen der sexuellen Energie heißt nicht, so viel Sex wie möglich zu haben, es hat damit rein gar nichts zu tun. Die Art und Weise, wie wir dieser Energie begegnen, hat einen zentralen Einfluss auf unsere grundlegende Vitalität. Nehmen wir sie in Freude an, als ein kosmisches-göttliches Geschenk, welches uns erquickt und erhält, so tun wir unserem Körper enorm viel Gutes.

Nun hat man euch unter dem scheinheiligen Deckmantel der «Religion» über Jahrhunderte eingeredet, dass alles, was mit Sexualität zu tun hat, höchstens erlaubt ist, wenn man es nach ganz bestimmten und sehr engen Vorschriften tut. Man tat dies, weil man euch kontrollieren wollte. Wenn jeder aus sich selber heraus über seine Sexualität die Möglichkeit zu einer direkten göttlichen Erfahrung hat, so macht euch dies unglaublich mächtig – im besten Sinne des Wortes. Ihr seid auf keine Vermittlung angewiesen für einen Kontakt mit einer höheren Ebene, eure Körper leiten euch dazu an. Auf diese Weise konnte man euch als «Futterweide» natürlich nicht «abgrasen».

Euch einzureden, dass ihr euch schämen müsst dafür, ein sexuelles Wesen zu sein, war darum die einfachste Art, euch von Grund auf energetisch zu schwächen. Ganz nach dem Motto: «Gott» – der übellaunige Vater – hat ganz genaue Vorschriften diesbezüglich erlassen und nur wenn ihr diese streng einhaltet, drückt er eventuell nochmal ein Auge zu bei euch …" Seht ihr, diese «Vater-Götter» repräsentieren lediglich Wesen, die sich von euch nähren wollen, sie lieben euch nicht! Wie sollten sie auch dazu in der Lage sein? Sie haben bis jetzt selber noch nicht gelernt, sich zu lieben. Wie wir schon an anderer Stelle in diesem Buch darauf hingewiesen haben, beinhaltet wahre Liebe immer Freiheit. Kein hohes, wirklich göttliches Wesen würde je von euch verlangen, dass ihr Teile eures Körpers verstümmelt. Doch genau dies hat man mit euch gemacht, als man euch eurer Sexualität beraubt hat. Ganz einfach könnte man sagen: Man wollte nicht, dass ihr fliegt, und so hat man euch die Flügel gestutzt.

Versucht vielmehr, euch eure sexuelle Energie
als eine kreative Kraft vorzustellen, die liebevoll erschafft,
die Freude bereitet, spielerisch ist und kreativ

Es ist ja so, dass für euch die sexuelle Kraft immer noch ganz zentral an das Sich-Fortpflanzen gebunden ist. Es war dies aber ursprünglich nicht so und es wird sich dies auch wieder verändern. Versucht vielmehr, euch eure sexuelle Energie als eine kreative Kraft vorzustellen, die liebevoll erschafft, die Freude bereitet, spielerisch ist und kreativ. So wie eine Kunstform, der man mit Neugier und Begeisterung nachgeht. Oder wie eine Berufung oder das Bedürfnis, in einen Zustand des höheren Seins hineinzugleiten wie beim Gebet und bei der Meditation. Diese Dinge tun uns alle wohl und so kann die sexuelle Energie ein großer Wohltäter für die Menschheit sein.

Nun ist genau dieselbe Energie über andere Wege zugänglich, etwa über eine spirituelle Praxis oder über einen künstlerischen Weg. Man könnte sagen, dass drei Wege zum selben Ziel führen. Doch diese beiden anderen Wege sind mit großer Disziplin verbunden, sie bedürfen eines großen persönlichen Einsatzes und viel Zeit und Hingabe. Die Verbindung mit der hochfrequenten Ur-Ebene nur darüber abzusichern, wäre also viel zu riskant für die Menschheit gewesen, und so gab man euch die sexuelle Kraft als Verbindung in eine höhere Ebene direkt über den Körper. Um dieses Geschenk richtig würdigen zu können, muss es zunächst einmal angenommen werden. Und dies geschieht dadurch, dass wir unseren sexuellen Ausdruck ehren als eine Form von Schönheit, ganz in demselben Sinne, wie wir die Schönheit der Natur würdigen und bewundern. Die sexuelle

Energie, die wir in unseren Körpern spüren, ist genau dieselbe Form von Schönheit und wir sollten sie in Liebe und Dankbarkeit annehmen – und sie nicht verstecken unter Scham- und Schuldgefühlen.

«Es ist wichtig zu wissen, dass das Annehmen der eigenen sexuellen Energie als etwas Wunderbares eure Körper im höchsten Maße segnet.»

Drei Wege münden also in dieselbe Kraft, in die große kosmische Energie. Aus diesem Grund kamen engagierte und nach Weisheit Suchende in vergangenen Zeiten auf die Idee, dass man die sexuelle Energie verwenden kann, um schneller zur Erleuchtung zu gelangen. Das Keuschheitsgelübde der Nonnen und Mönche basiert also auf der Idee, dass man die sexuelle Kraft, die im Körper präsent ist, umleitet in den «spirituellen Kanal», auf dass dieser schneller gefüllt werde und ich leichter in eine höhere Energie eindringen kann. Man muss sich vergegenwärtigen, dass in älteren Zeiten das Vorstoßen in höhere geistige Sphären ein ungemein viel schwierigeres Unterfangen war. In der heutigen Zeit besteht die Herausforderung ja in erster Linie im Ordnen der Fülle von Informationen, die heute gut zugänglich sind. Aber früher musste man wie durch eine solide Decke durchbrechen, um nach oben zu gelangen. Dies bedurfte einer sehr großen Menge an Energie und diese bezog man – neben einem sehr stark rhythmisierten Alltag – in erster Linie aus der Sublimierung der sexuellen Energie. Dies funktioniert technisch wunderbar, es widerspricht aber zugleich auch dem menschlichen Bedürfnis, seine sexuelle Kraft zu leben. Es ist einfach wichtig zu wissen, dass das Annehmen der eigenen sexuellen Energie als etwas Wunderbares eure Körper im höchsten Maße segnet. Vor allem im Hinblick auf das Alter erfüllt die sexuelle Energie eine sehr wichtige Funktion im Körper.

«Vor allem im Hinblick auf das Alter erfüllt die sexuelle Energie eine sehr wichtige Funktion. Sie wirkt zentral mit, dass sich der Körper im Alter besser erhält und weniger abbaut.»

Wie gesagt, es geht hier nicht um «Sex haben». Ich kann eine große Menge Sex haben und dennoch meine sexuelle Energie nicht angenommen und integriert haben. Angenommen, ich habe immer, wenn ich mich erregt fühle, den Drang oder den Zwang, mich gleich sexuell betätigen zu müssen, so werde ich zu einem Handlanger meiner sexuellen Energie. Wenn ich aber jedes Mal, wenn sich mein Körper in diese Energie taucht, mich darüber freue und dankbar bin für diese Entfaltung, so tue ich mir unglaublich viel Gutes. Diese Energieentfaltung hilft mir, dass sich der Körper im Alter besser erhält und weniger abbaut. Dies kann ich auch durch geistiges Arbeiten und Meditation tun.

Es ist einfach wichtig für euch, zu wissen, dass ihr bereits über euren Körper einen ganz wichtigen Beitrag für eure Gesundheit leisten könnt. Wir haben alle ganz persönliche Bedürfnisse bezüglich der drei Wege, die in die große kosmische Energie münden. Wir müssen nicht alle gleich umgehen mit unserer kreativen, spirituellen oder sexuellen Energie. Ich kann die Energie des einen Weges komplett in die anderen beiden Aspekte hinein transformieren oder sogar zwei in einen. Unsere Bedürfnisse und Begabungen sind vollkommen individuell ausgeprägt. Wichtig ist, dass wir uns bewusst sind, dass diese drei Facetten eines gewaltigen kosmischen Energie-Stranges sind, der einen großen Teil dessen darstellt, was wir in Wirklichkeit sind.

Aber wie kann es denn sein, dass wir gerade in der Sexualität ein so hohes Maß an struktureller Gewalt vorfinden? Dies hat damit zu tun, dass ihr als Spezies kollektiv sexuell missbraucht wurdet, indem man euch darüber um einen zentralen Teil eurer Göttlichkeit gebracht hat. Dieser Missbrauch spukt immer noch wie ein Virus durch ein eigentlich perfektes Computerprogramm. Ebenfalls Teil dieses Traumas ist es, dass ihr nicht mehr in der Lage seid, eure Fruchtbarkeit zu kontrollieren und die Fortpflanzung quasi eure freie Sexualität behindert. Daraus resultiert eine Ebene von Frustration und Opfergefühlen. Dies war nicht immer der Fall.

«Die Fortpflanzung ist ein Trieb, die menschliche Sexualität ist eine Erleuchtungsenergie, eine Heilenergie.»

In vielen Kulturen konnte man durchaus bewusst steuern, ob man sich vermehren wollte oder nicht. Diese Fähigkeit wird der Mensch auch wieder erlangen. Wie kam es denn überhaupt zu dieser Verknüpfung von Sexualität und Fortpflanzung? Sie erscheint uns heute als «logisch», aber ist sie dies wirklich? Nein, sie ist es nicht! Sie ist ein technischer Kunstgriff! Wie wir schon mehrmals erwähnt haben, war es nötig, sich auf bestimmte Kompromisse einzulassen, wollte man diesen neuen Körper erfolgreich realisieren. Hätte man zum Beispiel den Körper so «gebaut» wie jenen von den Zivilisationen, die aus dem niederfrequenten Paralleluniversum zu uns gestoßen sind am Ende von Atlantis, wäre die Menschheit nicht in der Lage gewesen, sich fortzupflanzen.

Wäre der Körper hingegen frequenzmäßig so eingerichtet worden, dass die große kosmische Energie stetig Teil des Systems gewesen wäre, so hätten unsere neuen Mitmenschen keine Chance gehabt, sich mit ihren Energiekörpern einzuklinken. Und so fand man ein System, welches die Körper durch einen sich stetig wiederholenden punktuellen Kontakt mit der großen kosmischen Energie nährte und auf diese Weise das Energieniveau der Körper in einen Bereich brachte, der eine biologische Fortpflanzung ermöglichte.

Um diesen Zusammenhang noch besser zu verstehen, lasst uns einen Blick zurück nach Atlantis werfen: In Atlantis war die große kosmische Energie ein fester Bestandteil unserer noch viel duftigeren Körperlichkeit, welche wir aus unserem heutigen Blickwinkel schon gar nicht als solche bezeichnen würden. Wollten wir uns fortpflanzen, so taten wir dies einfach über die Absicht aus unserem Bewusstsein heraus. Wir halfen einer Seele, sich zu manifestieren, halfen ihr, sich quasi aus sich selbst heraus in dieser Ebene zu erschaffen, indem wir einen Energiekanal für sie öffneten. Genau dies tun Eltern auch heute noch, aber zu dieser energetischen Ebene, die in Atlantis ausreichte, kommt heute ein komplexer biologischer Aufbau dazu.

Um dem heutigen menschlichen Körper die Möglichkeit zu verleihen, sich fortzupflanzen, war das Mitwirken der großen kosmischen Energie vonnöten, da sie die Energie ist, die erschafft! Sie kann hohe Schwingung kreieren, Kunstwerke und auch Kinder. Und so war es nötig, die Fortpflanzung direkt mit der großen kosmischen Energie zu verknüpfen, um das Weiterbestehen des Menschen zu gewährleisten. Stellt euch vor, man müsste meditieren, um ein Kind zu bekommen! Die Vorstellung ist total lustig für uns, aber genau so hat man es in Atlantis gemacht. Dieses Prinzip weiterzuführen, war jedoch viel zu riskant, die Menschheit wäre wohl sehr schnell ausgestorben. Deshalb beschloss man, die «Fortpflanzungshoheit» mittels eines animalischen Prinzips dem Körper anzuvertrauen. Unsere heutige Fortpflanzungsweise entspringt dem Tierreich, wie unser ganzer Körper. Unsere sexuelle Energie hingegen hat überhaupt rein gar nichts mit dem Tierreich zu tun. Nur unsere Fortpflanzung ist animalisch, unsere sexuelle Energie stammt von einer sehr viel höheren Ebene. Dieses Knäuel zu entwirren und sich die Zusammenhänge bewusst zu machen, ist von sehr großer Wichtigkeit.

Viele von euch denken, dass Sexualität ein Trieb ist – dies stimmt nicht. Die Fortpflanzung ist ein Trieb, die menschliche Sexualität ist eine Erleuchtungs-Energie, eine Heil-Energie. Wir sehen also, dass hier zwei Prinzipien zusammenfließen: das eine ist der Trieb des Körpers, sich fortzupflanzen – dies tut er aus der Verpflichtung, seiner Art zu dienen, deren er ein Teil ist. Das andere ist eine Manifestationskraft aus einer höheren Bewusstseinsebene. Es liegt nahe, dass man diese beiden zum Zweck der Fortpflanzung verbunden hat. Wichtig ist aber zu sehen, dass eure sexuelle Kraft sehr viel mehr kann, wenn man sie richtig einsetzt.

Und quasi als Höhepunkt dieses Kapitels möchten wir es nicht versäumen, ein paar Worte über den Orgasmus zu verlieren. Der Orgasmus ist eine Postkarte von zu Hause, er erinnert euch immer daran, woher ihr eigentlich kommt. Er ist ein Impuls einer sehr hohen Energie und seine Intensität oder besser seine Frequenz hängt von verschiedenen Faktoren ab. Zunächst einmal kommt es darauf an, ob ein Orgasmus nur auf einer körperlichen Stimulation beruht oder ob auch eine energetische damit einhergeht.

«Der Orgasmus ist eine Postkarte von zu Hause, er erinnert euch immer daran, woher ihr eigentlich kommt. Er ist ein Impuls einer sehr hohen Energie.»

Löse ich einen Orgasmus «nur» über den Körper aus, so ist seine Frequenz eher niedrig. Es kommt zu einer körperlichen Entladung und Entspannung – aber nicht unbedingt zu einem Aufladen und Revitalisieren des Systems. Es verhält sich genau wie mit anderen Formen von Nahrung: Wenn ich Hunger habe, kann ich irgendetwas essen und mein Bauch wird sich dann voll anfühlen, egal welcher Qualität das Essen war. Nehme ich aber etwas zu mir, das eine bestimmte Qualität inne hat – sei es, dass es besonders gute Zutaten waren, die Zutaten besonders schön verarbeitet wurden oder sogar beides – werde ich von dieser Speise auf eine tiefere und nachhaltigere Art und Weise genährt. Und dann ist es auch entscheidend, was ich im Moment des Höhepunktes mit der Energie mache, ob ich wirklich ganz darin eintauche oder ob ich sie eher ängstlich und schambestimmt empfange.

Als «Faustregel» sollte man sich vorstellen, die Orgasmus-Energie ins Herz zu ziehen, und sich bewusst sein, dass die Energie von oben ins System eintritt und nicht etwa in den unteren Chakren erzeugt wird. Die körperliche Stimulation bewirkt eine Erweiterung des zweiten Chakras. Dadurch wird sozusagen Platz gemacht für die hohe Frequenz, die vor der Tür steht. Was wir als sexuelle Erregung im Körper spüren, ist eigentlich die Erweiterung des zweiten Chakras. Und dies ist ein ganz fantastisch angenehmer Zustand. Je nachdem, wie bewusst ich das zweite Chakra weiten kann, passt sich die Orgasmus-Energie an meinen Körper an und bringt genau so viel Energie mit hinein, wie ich verkraften und körperlich umsetzen kann. Im Prinzip bekommen wir über diesen Vorgang einen Vorgeschmack auf unseren zukünftigen Energiekörper. Wir spüren, wie er sich anfühlen wird, wenn die meisten der belastenden Informationen im zweiten Chakra transformiert sind. Der positiv aufgenommene Zustand sexueller Erregung ist eine Form von Erleuchtung für den Körper. Sexuelle Energie kann ein Wegweiser sein für unsere menschliche Entwicklung, ebenso wie Heilarbeit, Meditation oder schwingungserweiternde Kunst.

Die große kosmische Energie wirkt aus sich selbst heraus schwingungserweiternd, das heißt, sie heilt. Dies ist ihr zentrales Charakteristikum. Die sich ausdehnende Schwingung erschafft sie über 3 Ebenen. Zum einen tut sie das über unser Bewusstsein: Mittels meditativer Techniken unterschiedlichster Art begebe ich mich in einen hochfrequenten Zustand und gebe ihr Raum. Auf diese Weise kann mich die große kosmische Energie transformieren. Zum anderen kann ich ebenso über die Inspiration und das kreative Erschaffen die große kosmische Energie in unserer Dimension manifestieren, indem ich über einen künstlerischen Schaffensprozess einen Teil meines Bewusstseins darstelle.

Zum dritten habe ich die Möglichkeit, die große kosmische Energie als sexuelle Kraft direkt in meinen Körper zu holen. Um diese Qualität der sexuellen Kraft zu entfachen, ist es zentral, unter welchem Blickwinkel ich diese betrachte. Sehe ich meine sexuelle Energie aus der Perspektive «Ich habe keine andere Wahl, mein Körper nötigt mich dazu, dieses Bedürfnis zu befriedigen», so hat sie keinen schwingungserweiternden Nährwert und heilt nicht, sondern ist lediglich eine kurzfristige körperliche Befriedigung respektive Entladung. Weiß ich aber, dass die sexuelle Kraft, die in meinem Körper präsent ist, einer höheren Ebene entspringt und dass ich sie so einsetzen kann, wie ich möchte, so komme ich in eine große Freiheit und Liebe. Ich kann diese Energie teilen oder ich kann sie ganz für mich behalten. Begegne ich ihr in Freiheit, so entfaltet sich ihr ganzer Zauber.

«Wir sollen Sex nicht wollen, weil wir ihn ‚brauchen‘, sondern weil er schön ist und gut tut.»

Auch bei Kunst muss immer unterschieden werden. Genau wie beim Sex ist auch nicht jede Art von Kunst schwingungserweiternd, hier ist immer die eigene Intuition gefragt. Nicht alles ist für alle in gleichem Maße heilend. Was mich subjektiv vielleicht «runterzieht», kann für jemand anderen bereits eine heilende Komponente beinhalten. Es ist hier ganz in besonderem Maße Vorsicht geboten beim Beurteilen. Sowohl in der Kunst als auch in der Sexualität finden wir Formen von struktureller Gewalt, welche die ursprüngliche Qualität blockiert. In den meditativen Prinzipien ist dies viel weniger der Fall, vor allem wenn ich mich diesen aus mir selbst heraus widme und nicht Teil einer organisierten Struktur bin.

Um die sexuelle Energie von solcher struktureller Gewalt zu reinigen, ist es wichtig, den persönlichen Zugang zu ihr zunächst zu klären und sie wieder als kosmische Urkraft anzuerkennen und anzunehmen. In neuerer Zeit finden wir im Bereich Kunst und Sexualität eine sehr starke Ekstase-Komponente. Dies ist nötig, da man in den letzten Jahrhunderten das menschliche Bedürfnis nach Ekstase verleugnet hat. Wichtig ist es aber, gerade im Bereich der Sexualität, dieses «Ich muss es haben» – also eine Form von Gier – aufzulösen, da wir sonst immer bis zu einem Stück daran leiden, ein sexuelles Wesen zu sein. Sex ist für viele Menschen der einfachste Weg, eine ekstatische Erfahrung zu haben. Und so neigen wir dazu, dem Sex eine Aufgabe aufzubürden, für die er nicht zuständig ist, nämlich: unser Ekstase-Bedürfnis ganz abzudecken.

Sex kann uns einen Kick geben, Kunst kann uns einen Kick geben. Sie sind wunderbare «Wegweiser» in eine ekstatische Energie. Aber auch hier gilt es zu lernen, diese Frequenzen aus sich selber heraus zu entwickeln und zu nähren. Wir sollen Sex nicht wollen, weil wir ihn «brauchen», sondern weil er schön ist und gut tut. Der knifflige Anspruch lautet darum: Wir sollen Sex lieben – aber ihn nicht unbedingt brauchen. Denn wenn wir ihn brauchen, ist es keine Liebe, sondern ein Begehren. Selbstverständlich ist er ein menschliches Ur-Bedürfnis, aber um uns aus alten Verstrickungen zu lösen, kann es sehr hilfreich sein, sich auf diese bewusstseinserweiternde Übung einzulassen. Es geht darum, unser gegenwärtiges menschliches Bewusstsein auszudehnen. Alle Aspekte der großen kosmischen Energie – sei es Meditation, Kunst oder Sex – bieten eine Vielzahl von Möglichkeiten, diesen Weg zu beschreiten.

13 Eine kleine Reiseapotheke

Auf der Reise ins Meisterbewusstsein kann es erfahrungsgemäß immer wieder zu Schmerzen und Unwohlsein kommen. Die häufigsten Gründe dafür wollen wir in diesem letzten Kapitel gemeinsam näher anschauen: Der wohl häufigste Grund für Unwohlsein ist der Umstand, dass wir in der Regel uns selber voraus sein wollen. Wir geben soviel Energie in eine Situation, die gar nicht besteht, sondern nur durch unseren Kopf erzeugt wird. Die Konsequenz daraus ist, dass uns schwindlig wird in unserem mentalen Hamsterrad, das sich immer weiter dreht und dreht.

«Vertraue dem Fluss des Lebens und
mache einfach den nächsten Schritt.»

Wir vergessen dabei etwas, was eigentlich gut wäre für uns – nämlich: nur den nächsten Schritt zu tun. Wie ein Seiltänzer, der über das Seil geht: einfach den nächsten Fuß aufsetzen, ohne gedanklich beim Ende des Seiles sein zu wollen. Denn ansonsten verlieren wir das Gleichgewicht. Darum macht einfach den nächsten Schritt, im Bewusstsein, dass, wenn ich in jedem Moment den für mich stimmigen nächsten Schritt tue, mich die Summe aller nächsten Schritte zu einem Ziel führt, das für mich passt. Ich muss nicht den ganzen Weg, den ich gehen werde, bereits im Blick haben.

Dies führt uns zu einem weiteren zentralen Auslöser für Schmerzen: Wir vertrauen dem Fluss des Lebens nicht. Indem wir uns vor ihm in Sicherheit bringen wollen, tut es immer mehr und mehr weh. Unser mentales System – welches uns gerne «ganz sicher» machen möchte – ist ein totaler, künstlicher Gegenpol zum natürlichen Fluss des Lebens. Indem ich versuche, mich gegen alles, was geschehen «könnte», abzusichern, mache ich das Leben viel komplizierter, als es eigentlich ist, da ich mich vielen Zwängen unterordne. Diese Zwänge entstehen dadurch, dass wir zu genaue Vorstellungen haben wollen davon, wie unser Leben zu sein hat, damit es «richtig» ist. Die Kunst besteht aber vielmehr darin, sich klar zu sein, was man sich wünscht für sein Leben, ohne bestimmen zu wollen, wie es sich realisiert. Es ist dies das «Dein Wille geschehe»-Prinzip. Wenn ich klar bin in meinen Wünschen und Ideen und offen dafür, dass eine höhere Ebene für die Realisierung eintritt, kann ich auf diese Weise ein maßgeschneidertes Leben erschaffen. Dies bedeutet aber nicht, dass ich dann immer bekomme, was ich will. Denn in dem Moment, in dem wir uns dem Fluss des Lebens hingeben, arbeiten wir nicht mehr aus unserem Willen heraus, sondern über ein umfassenderes Prinzip.

> *«Vertraut auf die Macht des Loslassens.*
> *Sie reinigt euch und erhöht eure Fließgeschwindigkeit.»*

Und das heißt, dass ich etwas empfange, das je nachdem sehr viel besser ist als das, was ich in der Lage bin, mir zu «erdenken». Und ihr erinnert euch: Der Wille ist ein schlechter Schneider! (Siehe Kapitel 6.) Wenn ihr also in einer schmerzhaften Situation seid, überprüft immer genau, ob ihr unter Umständen auf etwas beharrt oder ob ihr in irgendeiner Weise auf etwas insistiert, das eigentlich nicht gut für euch ist. Dies sollte man dann loslassen. Das Loslassen kann ein heftiger Prozess sein. Und den gilt es zu üben: Wir wollen bestimmte Dinge in unserem Leben festhalten, auch wenn sie nicht oder nicht mehr gut sind für uns. Unser Denken beharrt auf einer bestimmten Erfahrung oder auf einer Idee, dass eine Situation oder Person gefälligst in meinem Leben zu sein hat, währenddessen der Fluss des Lebens uns weitertragen möchte.

Nun gibt es gemäß dem Gesetz der universellen Resonanz eine ganz klare Art und Weise, wie man mit einer solchen Situation umgehen soll, um sie zu lösen: mutig sein und loslassen. Wir können nur etwas verlieren, das nicht zu uns gehört. Lasse ich etwas los, so wird es zu mir zurückkommen, wenn ich wirklich immer noch in Resonanz bin damit. Lasse ich es los und es kommt nicht wieder, so habe ich den Platz freigegeben für etwas, das in meiner jetzigen Lebenssituation tatsächlich zu mir passt. Die universelle Resonanz haftet uns liebevoll alles wieder an, wenn wir es brauchen für unser Wachstum. Manche Dinge möchten wir ja unbedingt loswerden, und obwohl wir sie immer und immer wieder loslassen, hängen sie sich sogleich wieder wie eine Klette an uns. Dann gilt es, einfach anzunehmen, dass wir über diesen Umstand oder über diese Begegnung eine Erfahrung zu machen haben, die wichtig ist. Wir können nicht immer bestimmen, was in unserem Leben stattzufinden hat, dies wäre viel zu gefährlich für unsere Seelenentwicklung. Vertraut auf die Macht des Loslassens. Sie reinigt euch und erhöht eure Fließgeschwindigkeit.

«Etwas, das wirklich zu mir gehört, kann ich nicht verlieren, wenn ich es loslasse.»

Und was tut manchmal so richtig weh? Richtig: Geld! Nicht allen von euch, aber vielen verursacht es immer wieder heftiges Bauchweh. Und nicht wenige von euch fühlen sich sogar über einen längeren Zeitraum deswegen ziemlich übel. Worin liegt also die große Herausforderung mit Geld? Unsere Beziehung zu Geld ist Teil unseres Energiekörpers. In ihr liegt die Information, wie wir uns mit der Welt im Außen verbinden und wie wir unseren Platz sehen in der Welt. Sie beinhaltet eine große Menge nicht-persönlicher Informationen und genau wie unser Körper umfasst unsere Beziehung zu Geld sehr viele ererbte Strukturen.

Und so wie viele Menschen während ihres Lebens nicht das Bedürfnis verspüren, sich aus der familiären Energie in ihre eigene hinein zu bewegen, so ist es auch mit Geld so, dass immer noch die meisten von uns in den finanziellen Strukturen ihrer Herkunft verharren. Wenn ich mich dagegen in meine ureigene Energie hinein transformiere, so geschieht es oft, dass sich die alten Strukturen, die meine Beziehung zu Geld definieren, auflösen. Und so passiert es nicht selten, dass sich bei jemandem, der sich in einer tiefgreifenden Transformation befindet, die finanzielle Versorgung geradezu auflöst. Dies kommt daher, dass bestimmte Strukturen sich verändern, die offenbar nicht mehr nachhaltig sind für mich und deshalb durch das Auflösen geklärt werden. Wenn unser Geld daran hängt, so ist dies für unser irdisches Befinden sehr unangenehm. Aber unser Hohes Selbst kann nicht aufgrund dieses Unwohlseins den Prozess abblocken. Von einer höheren Warte aus betrachtet, werden wir lediglich aus einer alten Bandage gewickelt, die uns unnötig einengt, sodass Sauerstoff und Licht zu uns kommen können. In dieser Bandage sind auch die Finanzmuster drin, die uns vielleicht lange sehr gut versorgt haben, die aber jetzt mit den anderen alten Mustern einfach wegfließen. Denn sie sind ein einziges Ganzes.

«Unsere Beziehung zu Geld ist Teil unseres Energiekörpers. In ihr liegt die Information, wie wir uns mit der Welt im Außen verbinden.»

Es erscheinen uns auf unserer Ebene diese Dinge als getrennt, in Wirklichkeit sind sie aber vollkommen eins und es kann nicht das Eine ohne das Andere aufgelöst werden. Wenn ich also in eine finanzielle Krise gerate, die von der irdischen Warte aus keinen Sinn ergibt, so gilt es immer, die folgenden Punkte zu beachten: Offenbar lösen sich alte Strukturen auf, die für eine Entwicklung nicht mehr förderlich sind, und es empfiehlt sich, die Situation – so unangenehm sie für unseren Verstand sein mag – anzunehmen und nicht zu bewerten. Aus dieser Grundhaltung heraus ist eine Verbesserung der aktuellen Situation am besten möglich.

Wenn ich schon sehr lange mit einer Mangelsituation konfrontiert bin, so geht es oft darum, dass sehr tief eingesessene Muster dabei sind, sich zu transformieren, und vor allem wir selbst Zeit brauchen, damit sich alles verändern kann. Oft ist es wertvoller, Zeit zu haben als Geld. Dieser Umstand sollte immer gut bedacht werden. Selbstverständlich ist unser Leben hier ohne genügend Geld mühsam. Aber es ist von allerhöchster Wichtigkeit, die Situation, in der ich mich befinde, nicht mental zu bekämpfen, da ich sie sonst weiter aufrechterhalte durch die Gedankenkraft, die ich ihr zukommen lasse.

Und dies bringt uns wiederum zu zwei weiteren zentralen Stolpersteinen auf dem Weg ins Meisterbewusstsein: Geduld und Vertrauen. Wir sind mit diesen beiden immer wieder auf das Gründlichste gefordert, und wir neigen sehr dazu, mit uns selbst zu hadern, wenn wir im Umgang damit nicht so reüssieren, wie wir uns das vorgestellt haben. Nun, die erfreuliche Nachricht diesbezüglich ist: Wir müssen es nicht können! Es geht lediglich darum, bereit zu sein zu üben. Geduld und Vertrauen sind so zentrale Übungsprogramme in unserer Schule. Ein Wesen, das sie total beherrscht, kommt nicht mehr hierher, es gäbe zu wenig zu lernen. Wir dürfen die Geduld verlieren, wir dürfen das Vertrauen in unseren Weg immer wieder verlieren, es gehört dies einfach dazu.

«Geduld und Vertrauen: Wir müssen es nicht können! Es geht darum, bereit zu sein zu üben.»

Das Entscheidende ist, sich immer wieder aus sich selbst heraus einen Schubser rein ins Vertrauen und rein in die Geduld zu verpassen in dem wunderbaren Wissen, dass wir hier sind, um es zu üben, nicht, um es zu können. Wenn wir es dann eines Tages total beherrschen, na wunderbar! Aber jetzt reicht unsere Bereitschaft zu üben vollkommen aus. Die Reise wird so sehr viel stressfreier und freudvoller.

Kommen wir nun zum vielleicht zentralsten Auslöser von Unwohlsein, Unbehagen bis hin zu chronischen Schmerzen: Es ist der Umstand, dass wir zu oft denken, alles wäre besser, wenn dieser Planet wenigstens ein bisschen «perfekter» wäre. Doch es besteht eben gerade der höhere Sinn darin, dass diese Schule nicht nach unserer Pfeife tanzt, sondern wir nach ihrer! Diese Schmerzen lassen sich in einem hohen Maße verbessern oder sogar zum größten Teil zum Verschwinden bringen, wenn wir uns in die Demut begeben, dass wir hier zu unserer Entwicklung geschult werden.

Ein Großteil dieses Problems entstand, als die Menschheit zu denken begann, dass alles über den Kopf – also den Verstand – geregelt werden könnte. Es begann im Kollektiven ein gigantischer Zwang, alles kontrollieren zu müssen. Wir sind als Spezies zum größten Teil aus unserem natürlichen Flow gekippt. Selbstverständlich war dies ein wichtiger Teil der Erfahrung und gehörte zu unserem Weg. Aber da dieser Umstand nun doch immer mehr Menschen viel Leid verursacht, so wäre es an der Zeit, dies liebevoll zu korrigieren.

«Diese Dimension ist für uns im Moment dadurch perfekt, dass wir sie als nicht perfekt empfinden.»

Die Erde entzieht sich unseren Kontrollambitionen, solange wir als gesamte Menschheit nicht in Liebe mit ihr und mit unseren Mitschülern interagieren. Wir werden lernen, dass es einfach sein wird, in Harmonie mit der Erde und mit den anderen Wesen hier zusammenzuleben. Dies wird dann geschehen, wenn wir erkennen, dass wir die Dinge eben nicht kontrollieren müssen – wie dies unser Verstand möchte –, sondern einfach nur im Fluss mit der Erde zu sein brauchen. Unser Verstand hat sich auf einer Ebene verfahren, auf der es keine Lösung gibt für die Probleme, die er sich erdacht hat. Solange wir kontrollieren wollen, empfinden wir uns als ausgestoßen, und es ist dies einfach als Feedback gedacht, dass es uns eigentlich besser gehen dürfte, wenn wir bereit sind, dies zuzulassen.

Als Heilmittel für sämtliche Reisebeschwerden empfiehlt es sich, regelmäßig bewusst in hoher Schwingung zu baden. Und dazu möchten wir zum Abschluss noch eine «Schmerztablette» von besonderer Schönheit vorstellen. Und zwar ist dies ein Gedicht – oder ein Mantra, wie man auch sagen könnte – von Rainer Maria Rilke, welches auf wunderbarste Art das zuvor Gesagte zusammenfasst und in einer Heilfrequenz bearbeitet.

Du musst das Leben nicht verstehen
Du musst das Leben nicht verstehen,
dann wird es werden wie ein Fest.
Und lass dir jeden Tag geschehen
so wie ein Kind im Weitergehen von jedem Wehen
sich viele Blüten schenken lässt.

Sie aufzusammeln und zu sparen,
das kommt dem Kind nicht in den Sinn.
Es löst sie leise aus den Haaren,
drin sie so gern gefangen waren,
und hält den lieben jungen Jahren
nach neuen seine Hände hin.

*

«Du musst das Leben nicht verstehen...»
Die erste Zeile weist darauf hin, dass wir unser Leben nicht alleine aus dem Verstand und aus dem Denken heraus begreifen können ...

«... dann wird es werden wie ein Fest.»
Und indem wir uns davon befreien, erschaffen wir eine neue Qualität für uns und unser Leben.

«Und lass dir jeden Tag geschehen
so wie ein Kind im Weitergehen von jedem Wehen
sich viele Blüten schenken lässt.»

Das Leben empfangen! Dies können wir nur, wenn wir dem Fluss des Lebens vertrauen und uns ihm öffnen. Und das Leben will uns eigentlich viele Blüten schenken, aber dies ist nur möglich, wenn wir offen sind dafür.

«Sie aufzusammeln und zu sparen,
das kommt dem Kind nicht in den Sinn.»

Weil eben alles fließt in seiner wahren Natur und ich Schmerz erzeuge, wenn ich den Fluss zu sehr staue. Gelingt es mir, immer wieder darauf zu vertrauen, dass dieser Fluss mich erhält und trägt, dann muss ich nicht horten und sammeln. Wenn ich es zulasse, wird mich das Prinzip der universellen Fülle immer mit den Dingen versorgen, die ich benötige (und wir erinnern uns daran, dass die nicht immer die Dinge sind, die wir wollen!).

«Es löst sie leise aus den Haaren,
drin sie so gern gefangen waren,
und hält den lieben jungen Jahren
nach neuen seine Hände hin.»

Nichts, was uns je geschieht, ist von unendlicher Dauer. Das Einzige, das unendlich andauert, ist die Veränderung. Und genau dieser Umstand erlaubt es uns, dass wir uns von allem, das uns geschieht, frei machen können. Wenn wir die schönen Dingen, die wir erleben, loslassen, können wir sie viel mehr genießen und wertschätzen.

Und wenn wir uns von unseren Anfechtungen und Herausforderungen befreien, so ziehen sie leichter von dannen. Das Kind löst die Blüten «leise» aus den Haaren: Es ist dies ein wunderbares Sinnbild dafür, dass es uns besser geht, wenn wir uns nicht vollkommen definieren über das, was das Leben uns zukommen lässt. Auf diese Weise öffnet sich ein Raum, der es uns ermöglicht, tief aus dem Innersten unserer Seele in eine neue absolute Form des Seins zu kommen.

DER AUFSTIEG DER ERDE - EIN NACHWORT

Der Aufstieg der Erde ist eine Geburt. Und so wie jede Geburt ein Wunder wie auch die natürlichste Sache der Welt ist, verhält es sich mit dem Erwachen der Erde in einer neuen Dimension. Und dies ist es ja genau auch, was uns mit jeder irdischen Verkörperung widerfahren ist: Wir sind in einer anderen Dimension «aufgewacht». Zwar nicht immer in einer neuen und höher schwingenden, aber doch immer in einer neuen Identität, einer anderen Zeit und damit in einer anderen Energie. Und wenn wir nun genau betrachten, wie wir uns im Persönlichen jeweils auf unser nächstes Geboren-Werden vorbereitet haben, so können wir daraus viel Nutzen ziehen für unser kollektives Neugeboren-Werden als Spezies Mensch.

«Wenn wir in unsere Schöpferkraft gelangen wollen – so müssen wir
alles von uns loslösen, das mit Absicht und in Hinblick
auf ein Ziel handeln möchte.»

Eine Haltung, von der wir uns immer bewusst distanzieren sollten im Aufstieg der Erde, ist die Eile. Unser menschliches Denken hat uns über Jahrhunderte so geprägt, dass wir mit unserem Kopf immer bereits irgendwo anders sein wollen, als wir es in Wahrheit eigentlich sind, und dies gilt es zu überwinden. Das Gefühl, den dimensionalen Aufstieg eigentlich bereits geschafft haben zu müssen, sitzt uns im Nacken. Denn der Kopf und unser Denken – welche diesen Aufstiegsprozess nicht verstehen können – möchten «diese Dinge» gerne hinter sich haben, da sie ihnen unheimlich sind … Doch genau dieser perspektivische Blick auf das Ziel lähmt uns in unserer Kraft. Dies ist ganz wichtig zu verstehen.

Wenn wir in unsere Schöpferkraft gelangen wollen – und sie ist der Treibstoff für die Rakete, die am Start steht – so müssen wir alles von uns loslösen, das mit Absicht und in Hinblick auf ein Ziel handeln möchte. Wir haben im Laufe unserer menschlichen Entwicklung verlernt, ganz in unserer göttlichen Energie zu verweilen. Dies ist kein Missgeschick, vielmehr ist es zu dem Zweck geschehen, uns einen tieferen Einblick zu gewähren darein, wie wir in Wahrheit beschaffen sind und was uns in unserer kosmischen Existenz wirklich ausmacht. Wir haben auf der Erde etwas verloren, das ein so fundamentaler Teil von uns ist. Durch die Wiedererlangung der Bewusstwerdung unserer göttlichen Schöpferkraft lernen wir uns als kosmische Wesenheiten besser verstehen. Ein energetischer Prozess, den wir auch durchlaufen, bevor wir uns für ein neues irdischen Abenteuer in einem neuen menschlichen Körper wiederfinden. Wir alle kennen diesen Ablauf genau. Nur weil unser Denken uns keinen Zugriff gestattet darauf, heißt dies nicht, dass es nicht ein unverrückbarer Bestandteil unseres Selbst ist.

«Eine Haltung, von der wir uns immer bewusst distanzieren sollten im Aufstieg der Erde, ist die Eile.»

Was wir in allererster Linie tun, wenn wir uns auf das erneute Geboren-Werden vorbereiten, ist: Wir konzentrieren uns vollkommen auf unsere Energie, sind nur noch Mitte und Essenz. Es gibt in diesem Moment nichts anderes mehr, es liegt kein Teil unserer Aufmerksamkeit außerhalb von uns. Wir sind eine makellose kosmische

Praline in diesem Moment. Und genau deshalb lieben wir kleine Kinder und haben eine Ehrfurcht vor ihnen, da sie mit dieser Reinheit ankommen, um sie dann im Verlaufe des folgenden Erdenlebens wieder zu verlieren, zumindest ein Stück weit. Wenn wir ein kleines Kind sehen, dann spüren wir die eigene Wehmut, welche die Sehnsucht nach der absoluten Reinheit unserer eigenen Energie widerspiegelt.

Die Erde jedoch ist ein Abenteuer-Spielplatz und es ist der Sinn und die Aufgabe, dass wir uns hier alle «schmutzig» machen oder besser gesagt «erdig» werden. Es ist deshalb auch so wichtig, als Kind die Erfahrung machen zu dürfen, dass man in der Erde spielen darf und sich dabei komplett «ein-erdet», dass man sich mit großer Freude in der Erde wälzen darf, wenn man dies möchte. So nimmt man als Kind Kontakt mit der Erde auf. Wenn man bestärkt wird darin, dass es eine großartige Freude ist, dies zu tun, wird man sich vollkommen anders mit dem Planeten verbinden und eine Kraft daraus für sein Leben erhalten. Natürlich gilt dies auch später noch für Erwachsene …

Für den Aufstieg der Erde ist es essenziell wichtig, dass jeder Einzelne von uns lernt, seine kosmische Reinheit zu lieben und zu ehren und sich dabei mit größter Freude sehr «erdig» zu machen. Die Erde verdient unser Allerbestes. Jede Seele, die hierher gelangt, soll sich der Erde in ihrer Schönheit und in ihren höchsten Gaben präsentieren. Das heißt, wir sind alle angehalten, unser Potenzial, das heißt primär, unsere Fähigkeit zu lieben, zu leben. Bloß stecken wir alle noch mehr oder weniger stark in alten Mustern, die möchten, dass wir unsere Ängste leben. Diese Muster sind sehr mächtig, da wir einerseits als Seele viele

Verkörperungen gelebt haben in diesen Strukturen und diese als Seelenerfahrung mitbringen und auch unsere Körper damit aufgeladen sind auf ihren zellulären Informationsebenen.

O Gott, das klingt ja, als hätten wir keine Chance … von beiden Seiten umzingelt! Kein Grund zum Verzagen! Wir sind ja alle kosmische Zauberinnen und Zauberer und die Situation dient genau dazu, diese Seelenmacht wieder in uns wachzurufen. Ich kann die Dinge verändern, indem ich mich einfach dazu entschließe. Ich brauche keine bestimmten äußeren Umstände, ich brauche nicht einmal Hilfe. Wir sind alle eigenmächtig im göttlichen Sinne. Die «Arbeit» besteht lediglich darin, den «Verkehr» zu regeln.

«Wir entziehen unseren Ängsten die Macht, indem wir sie einfach sein lassen, sie nicht nähren, sie nicht kommentieren.»

Unser Kopf sagt ständig Dinge wie: «Nein, du kannst nicht», «Wenn ich eine andere Arbeit finde, dann werde ich diesen Job, den ich hasse, kündigen» oder «Wenn ich eines Tages mehr Geld habe, werde ich glücklich sein…». Aber diese Aussagen sind nur dann wahr, wenn wir ihnen die Macht geben. Die Wahrheit ist: Wir sind frei von ihnen, wenn wir ihnen das Zepter aus der Hand nehmen. Ich kann jetzt in Liebe alles ändern, das ich ändern möchte, ohne mir den Druck zu machen, alles auf einmal ändern zu müssen. Es geht darum, dass wir uns als einzelner Mensch so in unserer Energie fokussieren, dass wir ganz im Jetzt ankommen und nicht «Eines Tages, wenn ich …».

Wir werden, solange wir in dieser Verkörperung unterwegs sind, wohl alle immer wieder solche Gedanken haben, und dies ist kein Versagen und auch kein Problem, solange wir ihnen keinen Vortritt erteilen. Diese Gedanken sind alle Stimmen von Ängsten individueller und kollektiver Herkunft und sie kämpfen um ihr Überleben. Das heißt: Bekämpfen wir sie aktiv, so werden sie sich wehren. Die Energie, mit der wir sie bekämpfen, nährt sic und macht sie noch kräftiger, als sie es ohnehin schon sind. Wir entziehen ihnen aber die Macht, indem wir sie einfach sein lassen, sie nicht nähren, sie nicht kommentieren. Und dies bedarf der Übung.

Es ist mehr als O.K., dies an manchen Tagen immer wieder nicht zu können. Es ist dann immer eine gute Gelegenheit, sich selbst gegenüber in Mitgefühl zu üben, wenn mich meine Gedanken dafür verurteilen möchten, dass ich etwas nicht kann. Es geht im Aufstieg der Erde mehr denn je darum, dass wir hier eine Gala unserer kosmischen Schönheit veranstalten. Stellt euch vor, jedes Wesen, das auf diesem Planeten anwesend ist, würde sich erlauben, das zu tun, was es am besten kann und am meisten liebt. Ganz unabhängig von sozialem Status, Bezahlung, Lob oder Tadel – einfach ganz aus sich heraus. Wir wären dann wieder vollkommen in unserer göttlichen Schöpferkraft, in unserer Macht. Lasst uns an dieser Stelle noch einen kurzen Moment über Macht reden.

Das Wort «Macht» ist für viele von euch negativ besetzt, da ihr euch noch immer in einer Welt befindet, in der Macht mehrheitlich missbraucht wird. Wahre Macht macht immer Schönes, sie erschafft aus Liebe. Menschen, die aus ihrer sogenannten «Macht» Nicht-Liebevolles erschaffen, befinden sich in einem Zustand tiefster Ohnmacht auf seelischer Ebene, da sie ihren Ängsten und Verletzungen komplett anheimgefallen sind. Genau deshalb ist es so wichtig, sich wieder bewusst zu machen, dass Macht eine Form der Selbstliebe ist.

Die Macht der Engel, die Macht aller himmlischen Wesen ist dieselbe Macht wie die eure. Ich habe die Macht, mich aus einem System zu lösen, das mich unglücklich macht. Ich erschaffe damit etwas Wunderbares. Ich mache mich selber glücklich und bin dadurch eine Inspiration für andere. Die Liebe, die ich mir selber zukommen lasse, fließt nach außen weiter. Wenn ich mich selber nicht liebe und respektiere, dann fließt diese Ablehnung und Bedürftigkeit nach außen weiter. Viele machthungrige Menschen kompensieren durch ihr Verhalten eine unbewusste Selbstablehnung, das Gefühl, nicht gut zu sein, sondern etwas beweisen zu müssen.

Sie nähren sich also aus der Situation, die sie erschaffen. Will ich Macht um der Macht willen, offenbart sich Schwäche, ich gehe damit in einen Zustand der Ohnmacht. Wahre Macht – die wohl tut – entspringt immer aus der Liebe. Ich habe die Macht, mich selber zu lieben und glücklich zu sein. Und es bedarf dazu nicht einer Entwicklung, es bedarf der Entscheidung.

Da diese von unserem höchsten Bewusstseinsanteil getroffen wird, der außerhalb der Zeit existiert, braucht es keine Zeitdauer. Es geschieht einfach jetzt, wenn ich mich dazu entscheide. Und vor dieser Macht haben viele Angst. Was denken die anderen, wenn ich plötzlich ganz für mich selber verantwortlich bin? Was geschieht, wenn ich keine Opferhaltungen und Ängste mehr füttere und die Dinge, die mir nicht gut tun, in Liebe lasse? Oft ist die Angst, anders oder gar alleine zu sein, eine große Kraft, die viele ausbremst, da sie sich in ihrer eigenen Göttlichkeit nicht vertrauen.

«Wir können die Wiedergeburt der Erde mit Qualität in unseren Leben unterstützen: Wo finde ich meine Essenz? Welche Personen und welche Tätigkeiten liebe ich?»

«Aber wie lange brauchen wir denn noch für den Aufstieg der Erde?» höre ich viele fragen. Nun, ich darf euch in diesem Falle mitteilen, dass diese Frage weder relevant noch hilfreich ist…(lacht). Wenn ich immer den Berggipfel im Auge habe, dann dauert der Aufstieg ewig und zudem entgehen mir alle wunderbaren Dinge, die mir entlang der Strecke begegnen können. Es geht nicht darum, wer zuerst oben ist, es geht darum, so schön – das heißt, mit soviel Freude, Liebe und Eigenmacht wie möglich – nach oben zu kommen.

Wir können die Wiedergeburt der Erde mit Qualität in unseren Leben unterstützen: Wo finde ich meine Essenz? Welche Personen und welche Tätigkeiten liebe ich? Berücksichtige ich dies in meinem Leben? Oder verschwende ich kostbare Lebensenergie mit Dingen, die nicht zu mir singen?

Und was haben diese Dinge mit dem Aufstieg der Erde zu tun? Nun, sie SIND der Aufstieg der Erde.

ÜBER DEN AUTOR

Mehr Informationen über
Michael und Equon
finden Sie unter:
www.equon.info

Weitere Bücher:

Radio Equon
ISBN 978-3-89568-241-4 / Pb. / 222 Seiten
Preis: 18.00- EUR